“十四五”职业教育国家规划教材

高等职业教育机械类
新形态一体化教材

工程制图习题集

（第五版）

主　编　陈彩萍
副主编　员创治

中国教育出版传媒集团
高等教育出版社·北京

内容提要

本书是“十四五”职业教育国家规划教材，是在总结多年教学经验及第四版教材基础上修订而成的。本书与陈彩萍主编的《工程制图》（第五版）配套使用。

为了方便教学，本书的编写顺序与教材完全一致，并在关键知识点配有二维码链接的视频资源。考虑到非机械类各专业有多种类型和不同教学课时的要求，习题数量有一定的余量，可按教学实际情况选用。

本书适用于高等职业院校非机械类专业，亦可供成人教育等有关专业使用或参考。

授课教师如需获取本书配套教学课件，请登录“高等教育出版社产品信息检索系统”（https://xuanshu.hep.com.cn/）免费下载。

图书在版编目（CIP）数据

工程制图习题集 / 陈彩萍主编. --5版. --北京：高等教育出版社，2025. 3. --ISBN 978-7-04-063183-8

I. TB23-44

中国国家版本馆CIP数据核字第202411YA21号

工程制图习题集（第五版）
GONGCHENG ZHITU XITIJI

策划编辑 张 璋　　责任编辑 张 璋　　封面设计 李小璐　　版式设计 马 云
责任绘图 杨伟露　　责任校对 刁丽丽　　责任印制 高 峰

出版发行	高等教育出版社	网　　址	http://www.hep.edu.cn
社　　址	北京市西城区德外大街4号		http://www.hep.com.cn
邮政编码	100120	网上订购	http://www.hepmall.com.cn
印　　刷	山东新华印务有限公司		http://www.hepmall.com
开　　本	787mm×1092mm　1/16		http://www.hepmall.cn
印　　张	14.5	版　　次	2003年12月第1版
字　　数	200千字		2025年3月第5版
购书热线	010-58581118	印　　次	2025年9月第2次印刷
咨询电话	400-810-0598	定　　价	33.80元

物料号　63183-00

第五版前言

本书是在陈彩萍主编的《工程制图习题集》(第四版)的基础上,结合高等职业教育人才培养目标的基本特征和教学特点修订而成,并与陈彩萍主编的《工程制图》(第五版)配套使用。

本书编写团队按照高等职业教育的培养目标和特点以及高等职业院校学生就业岗位群职业能力的要求,结合多年工程制图的教学经验,在修订本书的过程中,坚持题例精选、要求恰当、数量适度、难度相宜的原则,力求通过练习,使学生掌握本课程的基本知识和基本技能。

为了便于组织教学,本书的内容、顺序与教材体系完全一致,各个项目均有一定量的训练内容。考虑到非机械类多种专业的不同要求,习题的难度和数量有一定的伸缩性,教师可根据教学的实际情况选用。

练习时,应做到作图准确、图线分明、图面整洁、字体端正,以培养严肃认真、耐心细致的工作作风。

本书由陈彩萍任主编。参与本次修订的还有员创治、刘永红、白国庆、马树焕、周燕、李小龙等。

由于作者水平有限,书中难免存在缺点和错误,恳请读者批评指正。

编　者

2024年10月

第一版前言

本习题集是普通高等教育“十五”国家级规划教材（高职高专教育），是根据教育部“关于‘十五’期间普通高等教育教材建设与改革的意见”和“高职高专教育基础课程教学基本要求”等文件的精神并在总结多年的教学经验基础上编写而成的，与陈彩萍主编《工程制图》（高等教育出版社出版）配套使用。

按照高职高专教育的培养目标和特点，在编写本习题集的过程中加强了读图训练。

为了便于组织教学，本习题集内容、顺序与配套教材体系完全一致，各章均有一定量的习题。考虑到非机械类多种专业的不同要求，习题的难度和数量有一定的伸缩性，教师可根据教学的实际情况选用。

本书由北京交通大学吴忠教授审阅，在此表示感谢。

本习题集由陈彩萍任主编，参加编写的有员创治、赵彤涌、刘之汀等。

由于水平有限，本习题集难免有许多缺点和错误，恳请使用者批评指正。

编　者

2003年5月

目　录

1. 已知点 A、B、C 至投影面的距离，画出它们的投影图和立体图。

	距 V 面/mm	距 H 面/mm	距 W 面/mm
A	10	20	10
B	30	0	20
C	0	20	0

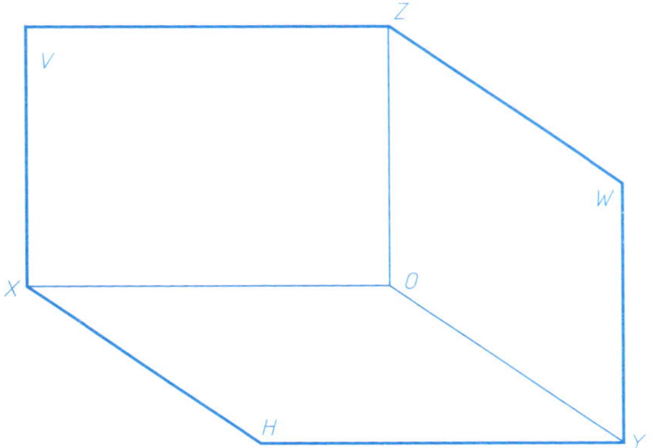

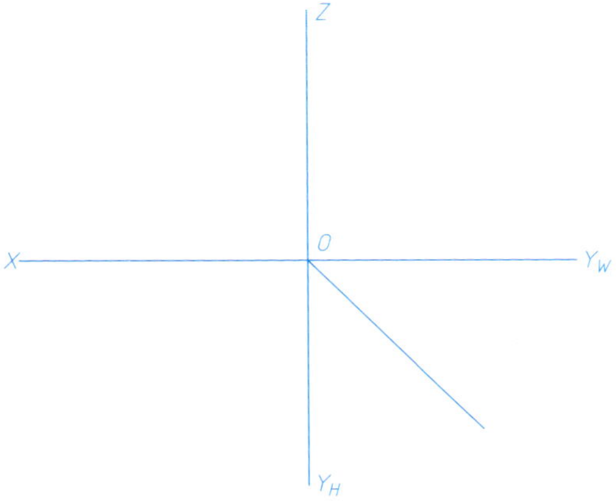

2. 已知点的坐标为 $A(20,15,8)$、$B(15,20,20)$、$C(5,5,25)$，作出它们的三面投影。

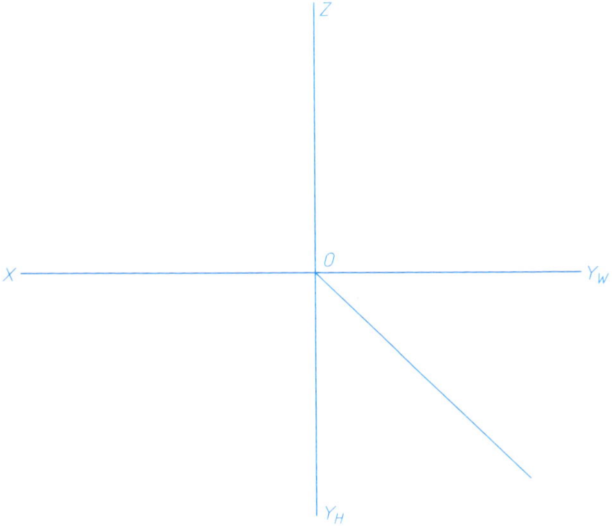

3. 根据点的投影图，写出其坐标(坐标值从图中按比例量取)，并说明各点到投影面的距离。

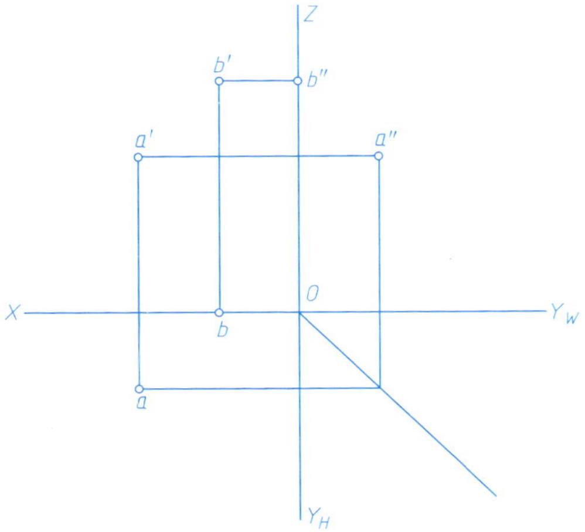

A(　　　　　　　　)

B(　　　　　　　　)

点A距H面________，距V面________，距W面________。

点B距H面________，距V面________，距W面________。

4. 已知点A的侧面投影，且点A至W面的距离为30mm，求其他两面投影。

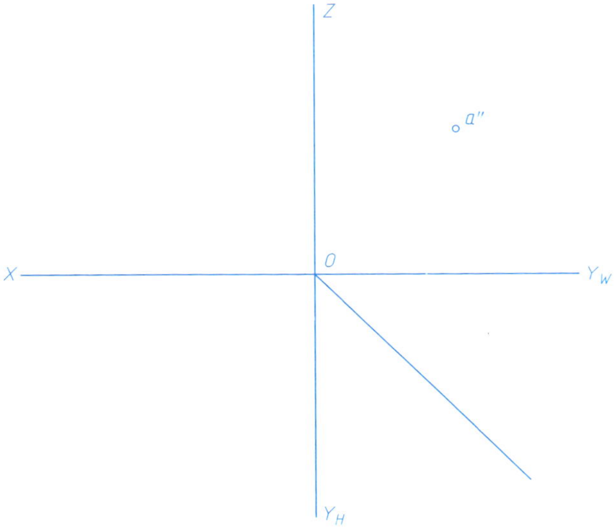

5. 根据点的投影图，判断两点的相对位置关系(方位关系)。

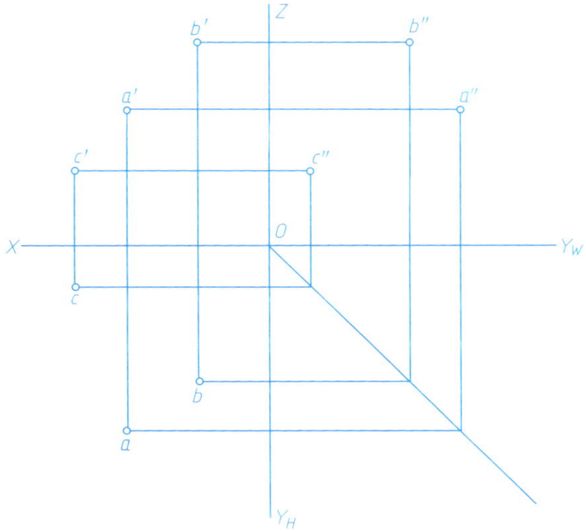

点 B 在点 A 的 ________、________、________。

点 C 在点 A 的 ________、________、________。

6. 已知点 A 的三面投影；点 B 在点 A 的正上方，且比点 A 高10mm；点 C 在点 A 的正左方，两点的距离为10mm。求作 B、C 两点的三面投影。

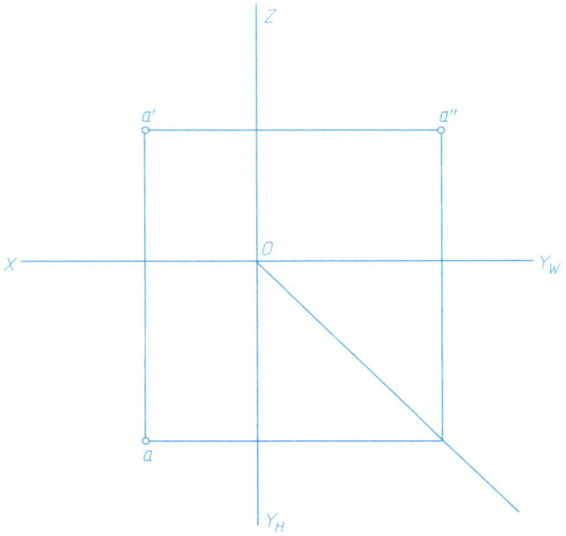

习题2 直线的投影

班级　　　学号　　　姓名

1. 已知直线两端点的坐标为$A(10,10,15)$、$B(20,25,5)$，求作直线的三面投影，并在其上求一点 C，使 $AC:CB=3:1$。

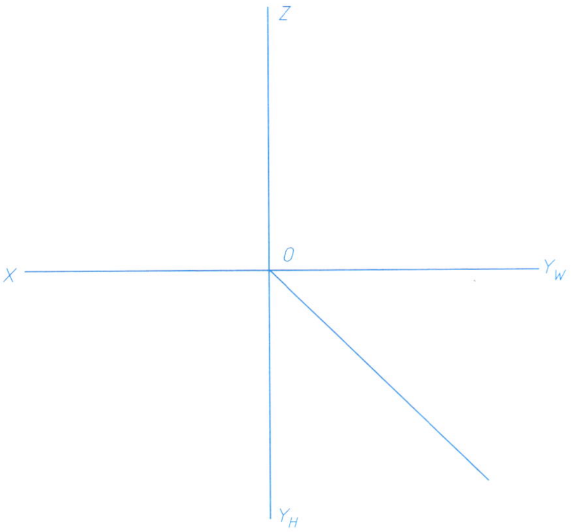

2. 判断下列各图中两直线的相对位置。

(1)

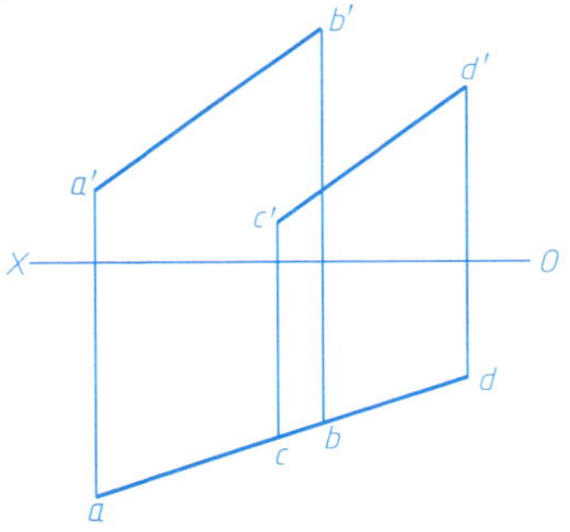

(　　　　　　)

(2)

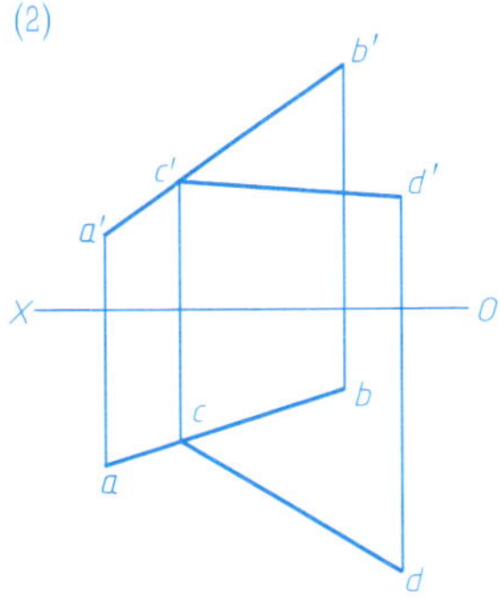

(　　　　　　)

(3)

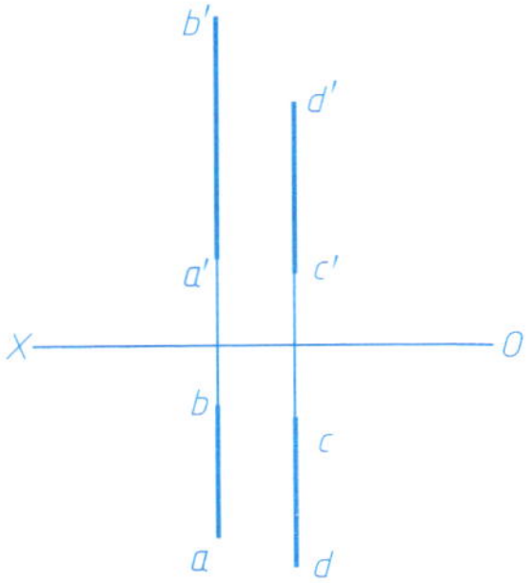

(　　　　　　)

(4)

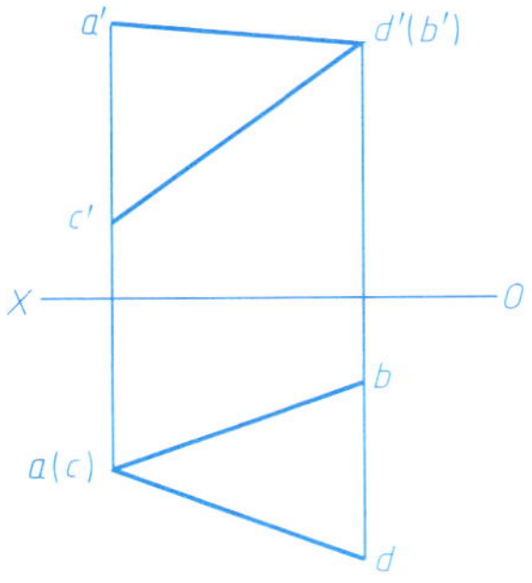

(　　　　　　)

3.判断交叉两直线重影点的可见性。

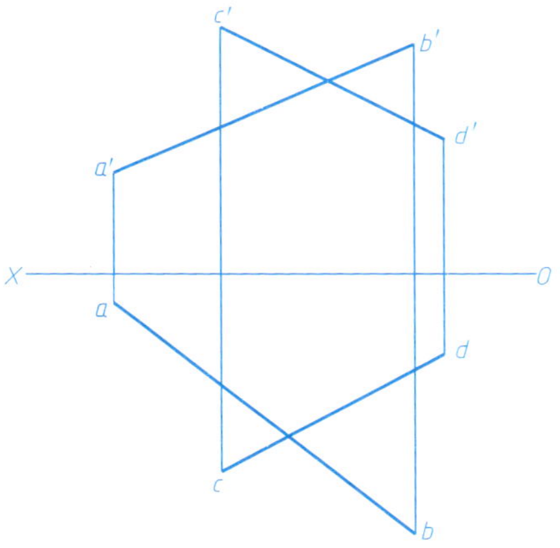

4.已知点 A 和直线 CD，作直线 AB//CD，且 AB=15mm。

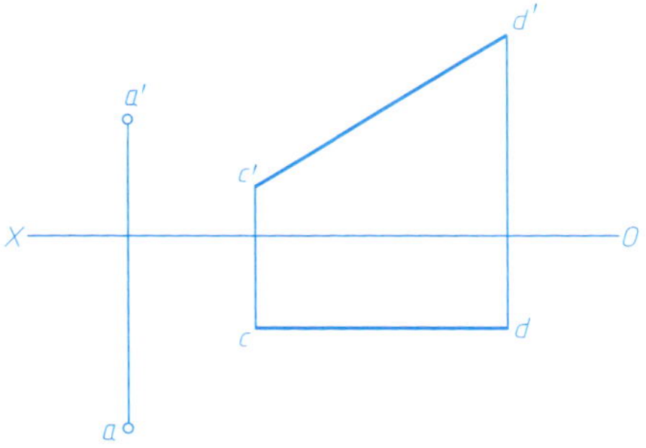

5.过点 A 作直线 AB 与直线 CD 相交，其交点 B 距 V 面为15mm。

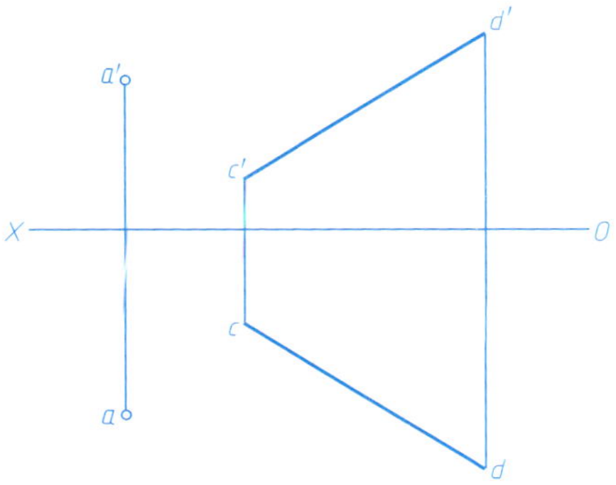

*6.过点 A 作正平线 AB 与直线 CD 相交。

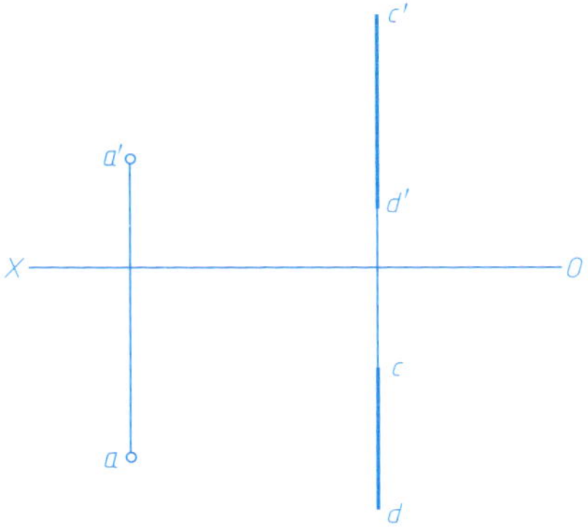

1. 已知平面的两面投影，求其第三面投影，并判断平面对投影面的位置。

(1)

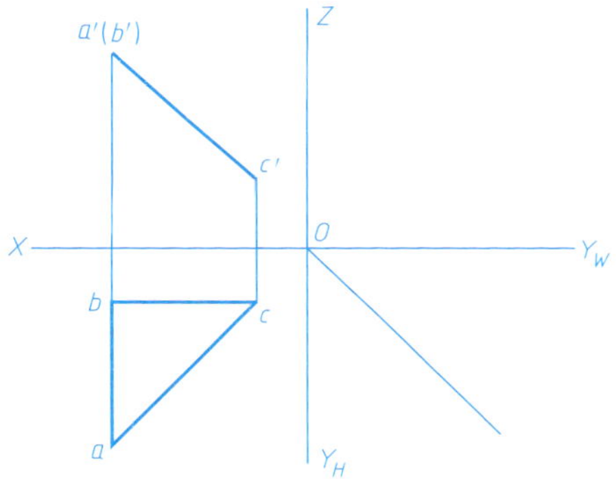

______ 面

(2)

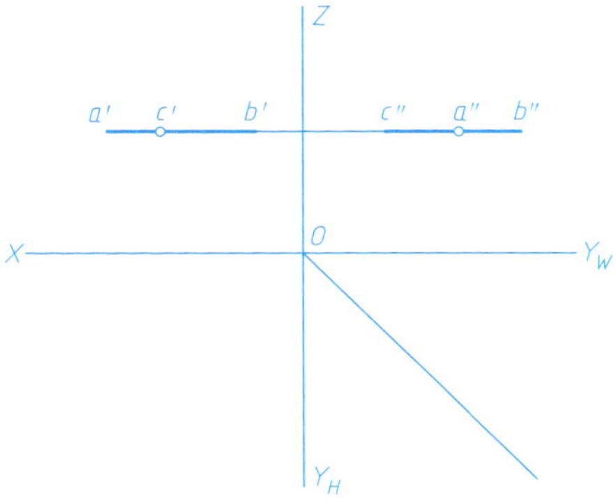

______ 面

2. 已知平面上点 K 的一面投影，求其另外两面投影。

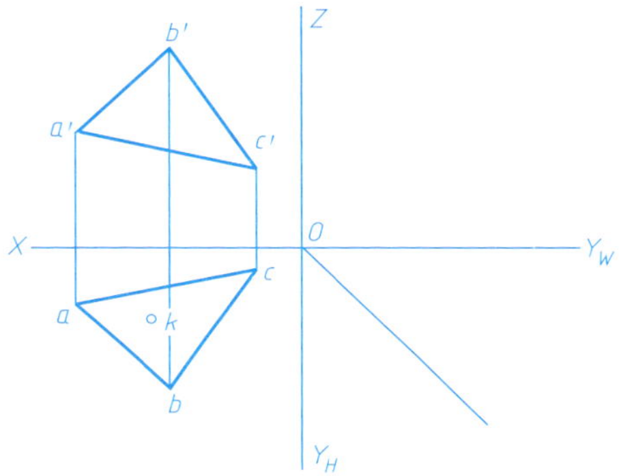

3. 已知平面内点 M 的水平投影 m 和点 N 的正面投影 n'，求它们的另一面投影。

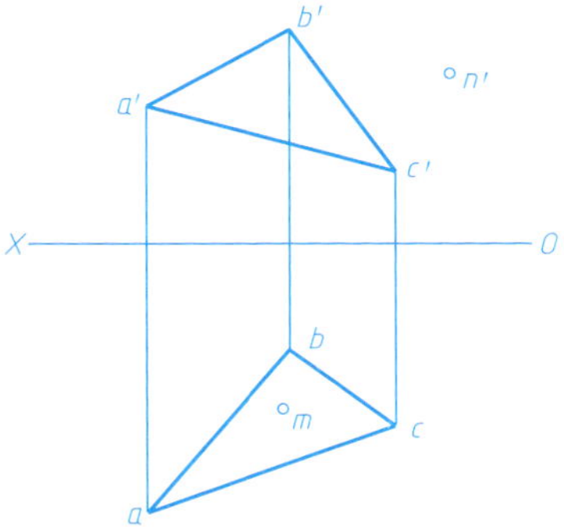

4. 完成五边形的两面投影。

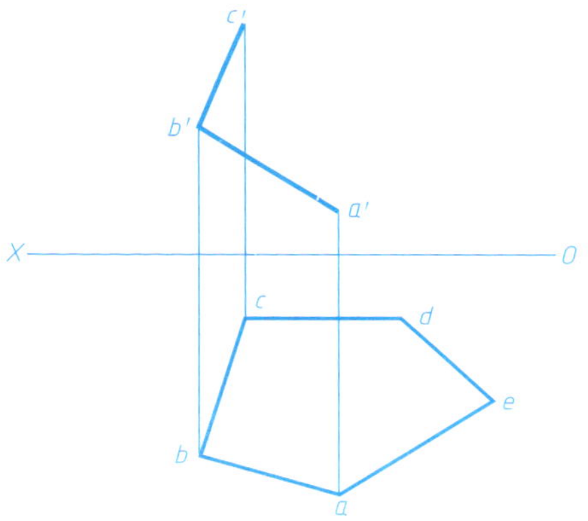

5. 已知平面 ABCD 的一面投影，又知对角线 AC 为一正平线，求作平面 ABCD 的另一面投影。

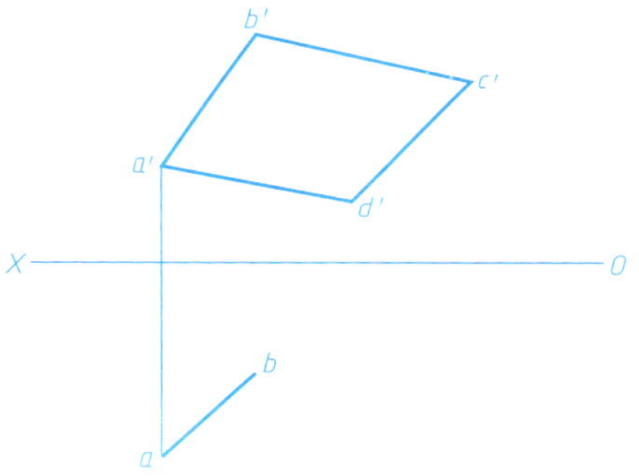

6. 在平面 ABC 内求一点 K，使点 K 到 V、H 面的距离均为 20mm。

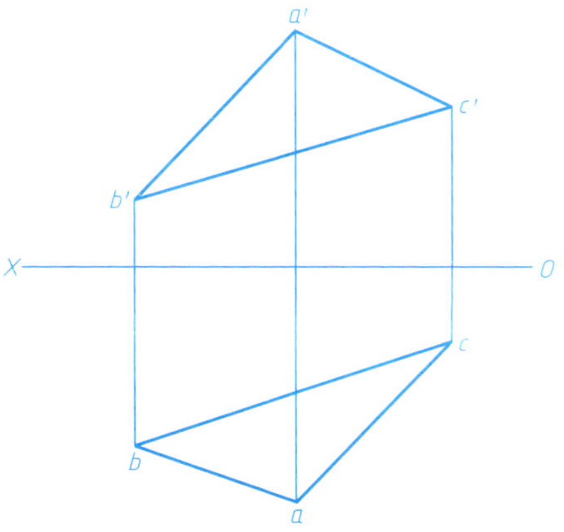

7. 已知圆心为点 A 的 Φ20mm 的圆为侧平圆，求作圆的三面投影。

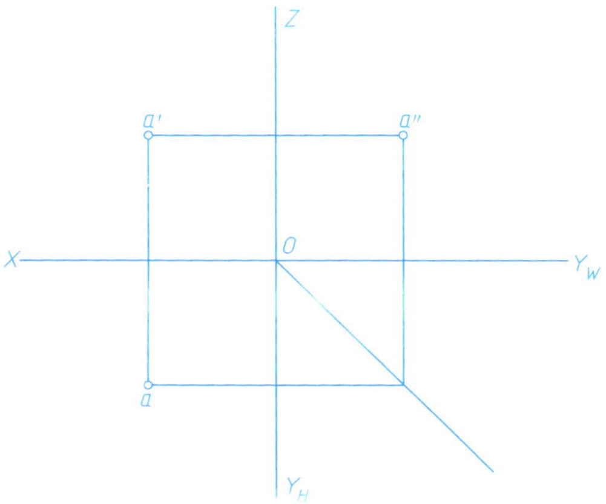

1. 作三棱柱的左视图，并作出三棱柱表面上各点的其他两面投影。

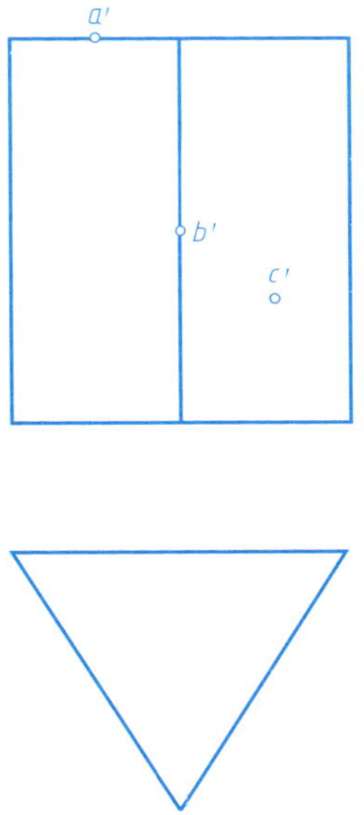

2. 作三棱锥的俯视图，并作出三棱锥表面上各点的其他两面投影。

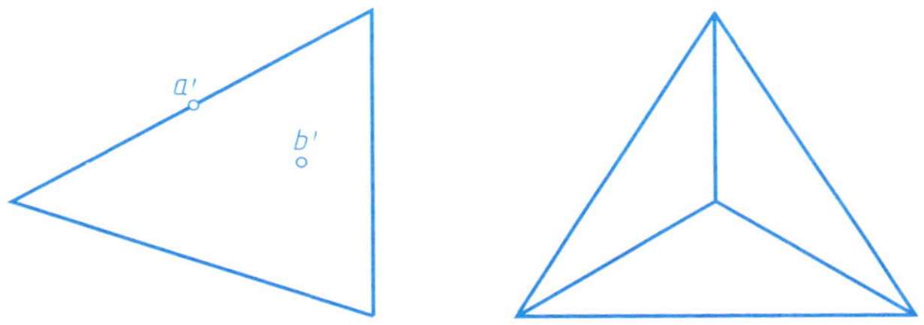

习题5 回转体的三视图及表面取点

班级　　　　学号　　　　姓名

完成下列回转体的三视图，并作出其表面上各点的其他两面投影。

(1)

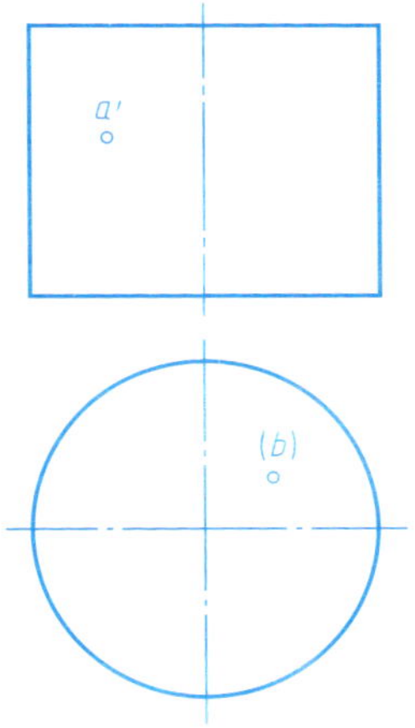

(2)

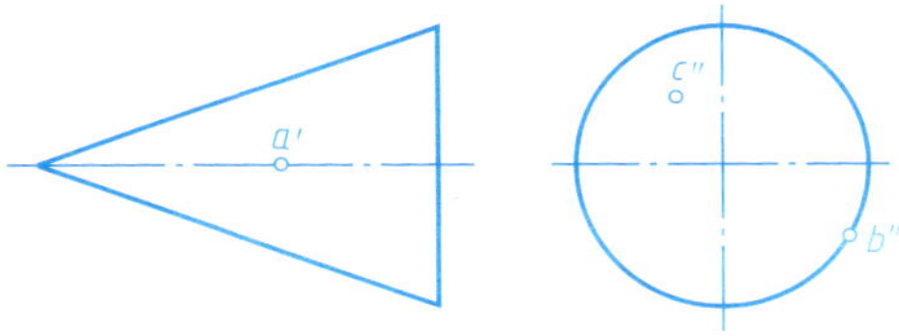

(3)

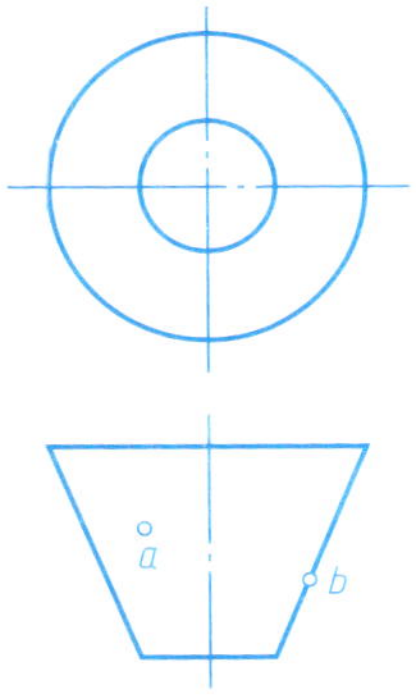

(4)

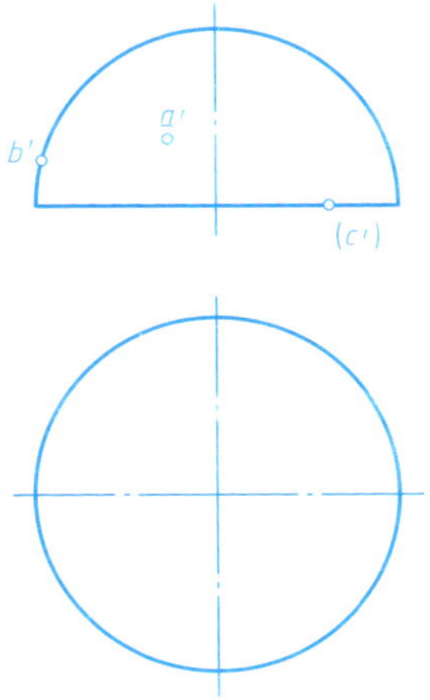

1. 已知几何体的三视图，试画出其正等轴测图。

(1)

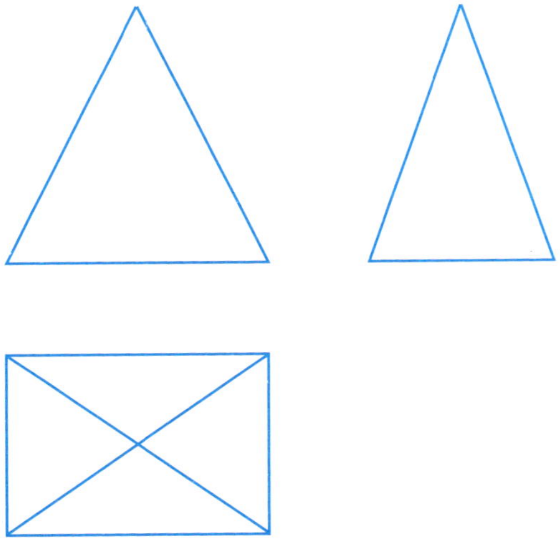

(2)

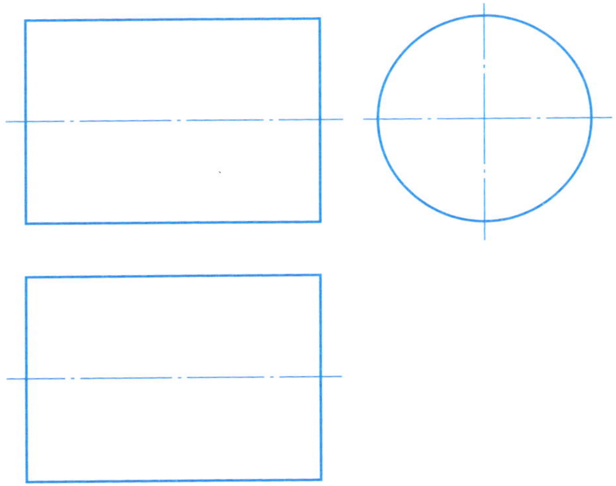

2.已知几何体的三视图，试画出其斜二轴测图。

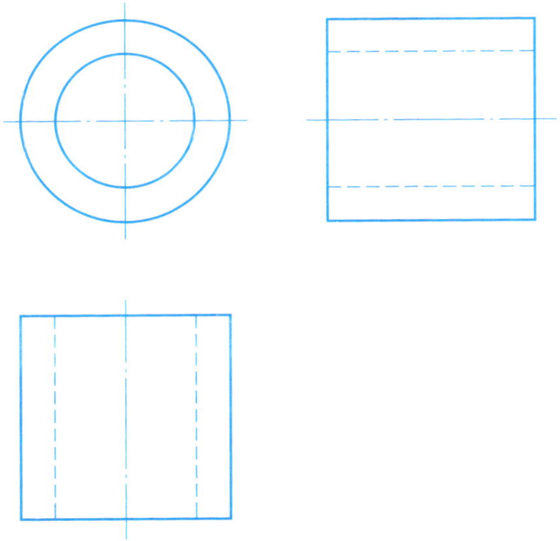

3.徒手绘制几何体的正等轴测图。

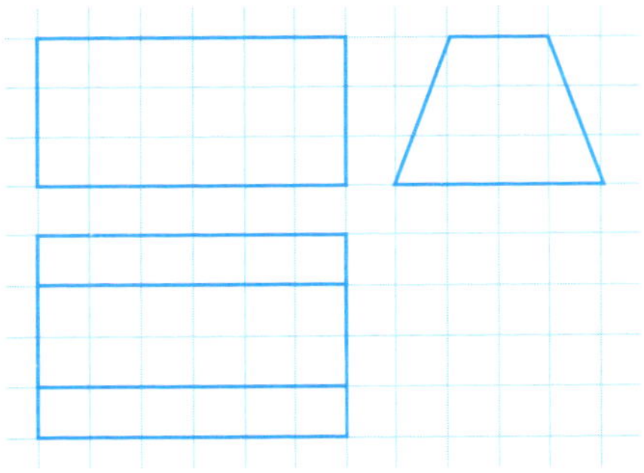

1.作正垂面截断五棱柱的左视图,并补全其俯视图中的漏线。

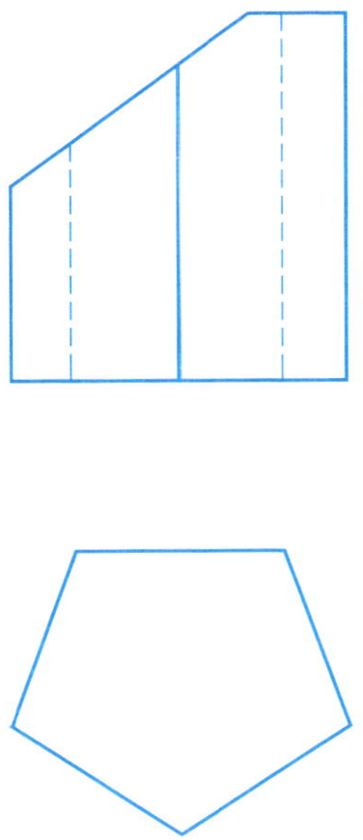

2.补画带方孔的三棱柱的左视图。

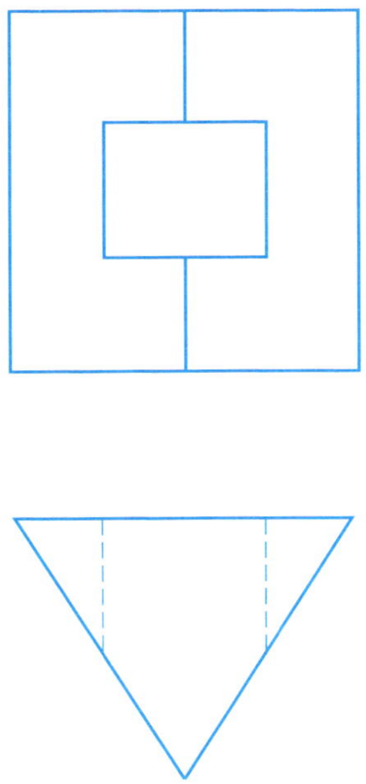

3. 补全切口平面立体俯视图和左视图中的漏线。

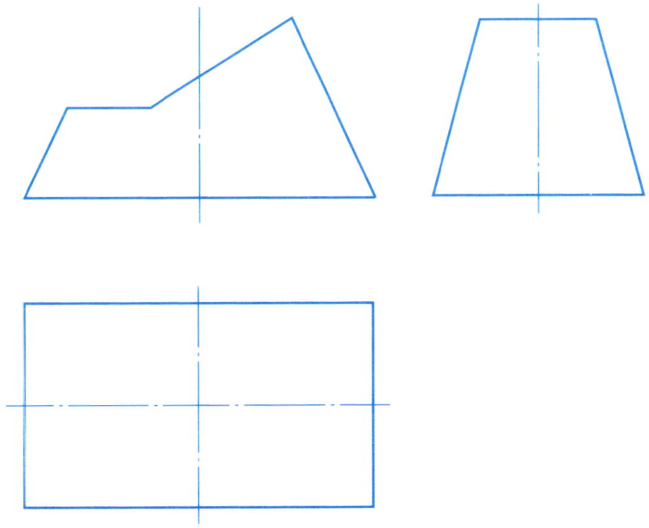

4. 补画切口平面立体的俯视图。

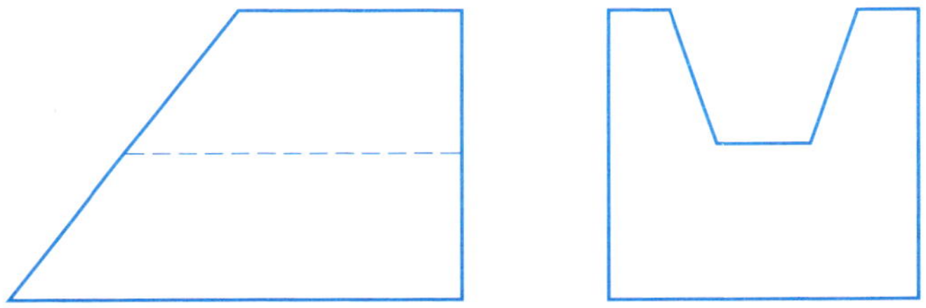

班级　　学号　　姓名

1. 分析截交线，完成截切圆柱体的三视图。

(1)

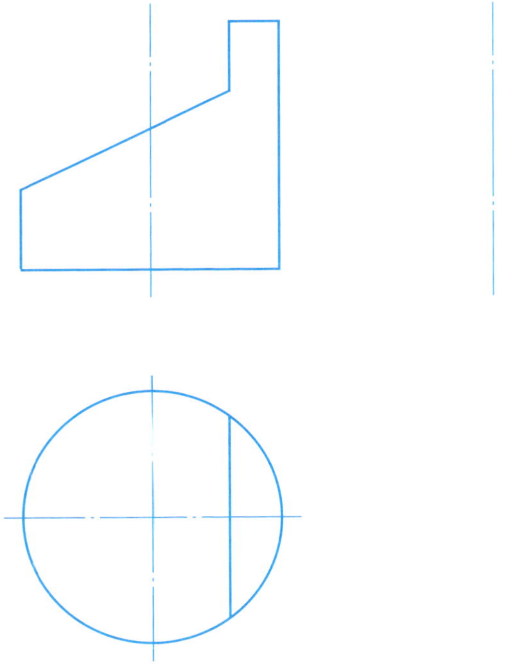

模型动画

习题8-1-1

(2)

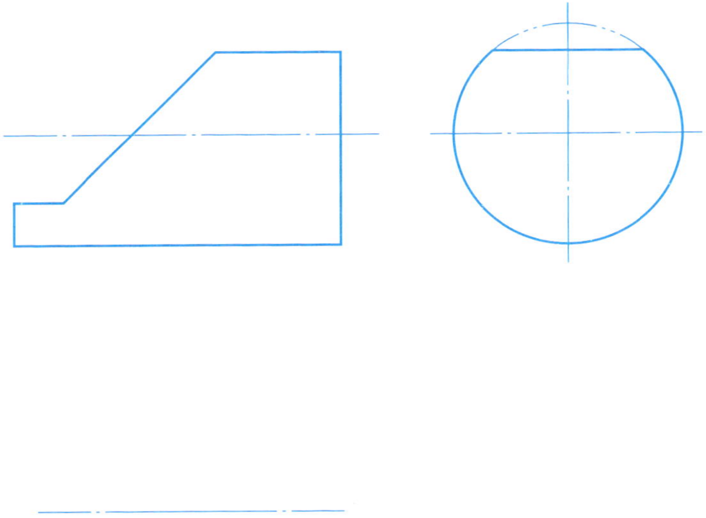

班级　　　学号　　　姓名

(3)

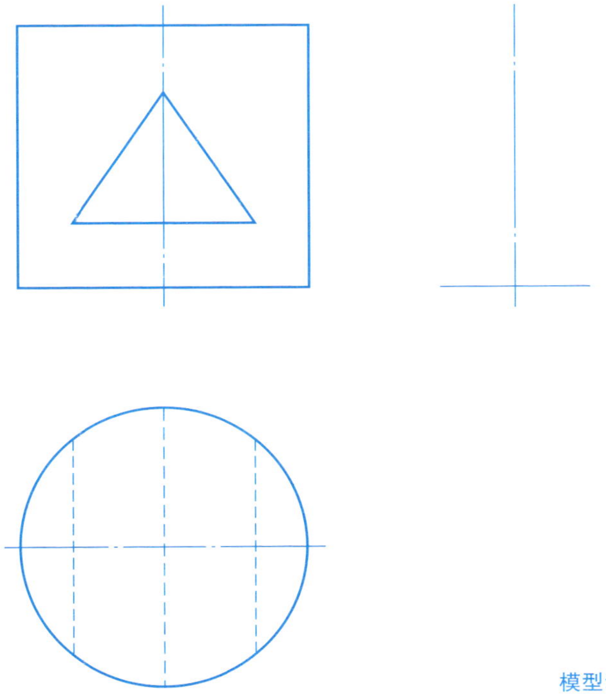

模型动画

习题8-1-3

(4)

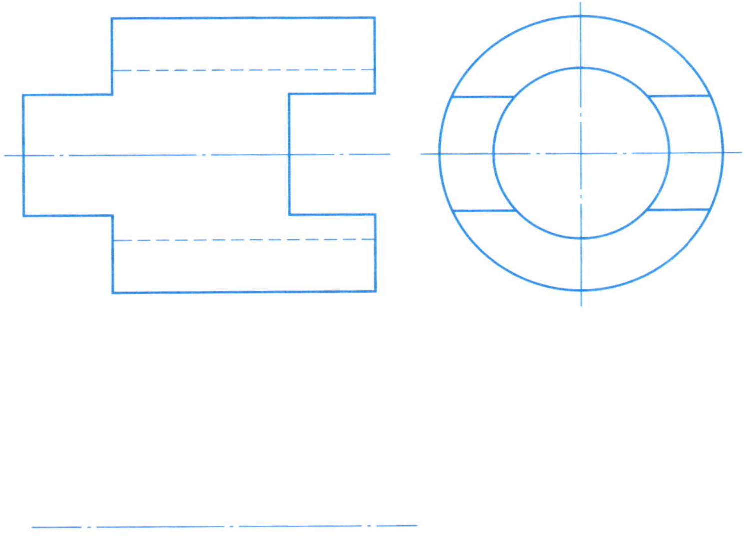

2. 分析截交线，完成截切圆锥体的三视图。

(1)

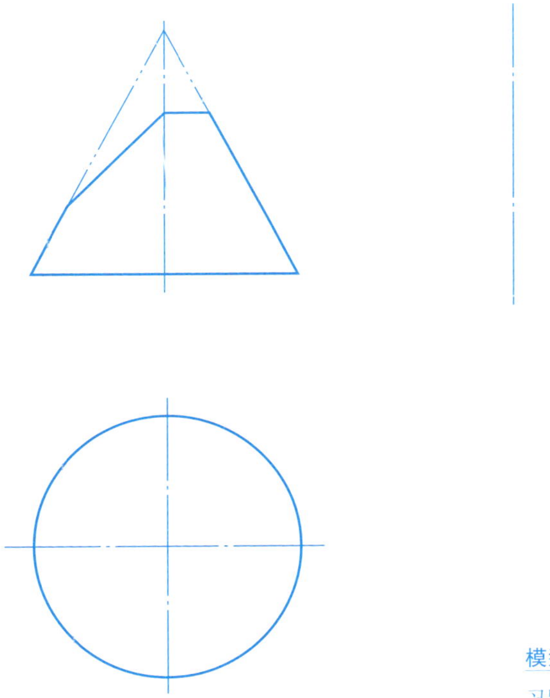

模型动画

习题8-2-1

(2)

模型动画

习题8-2-2

(3)

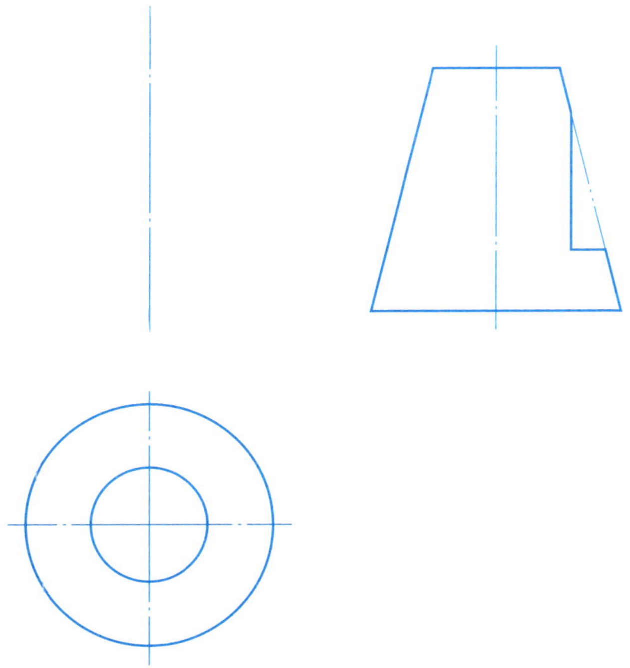

(4)

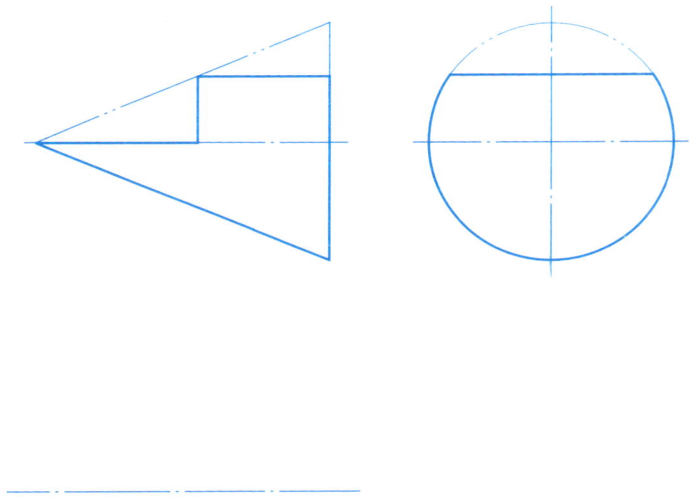

3. 分析截交线，完成圆球体的三视图。

(1)

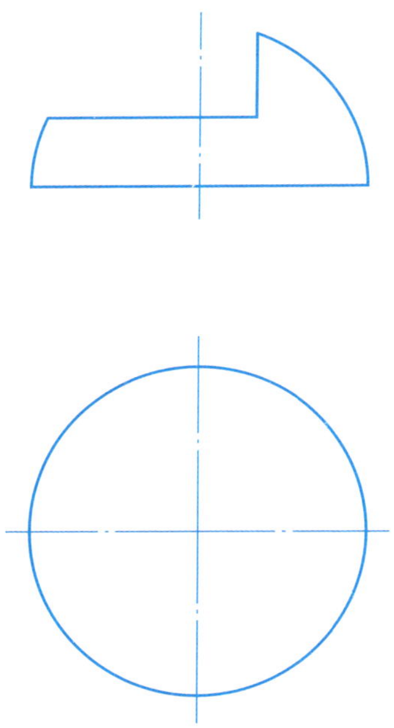

(2)

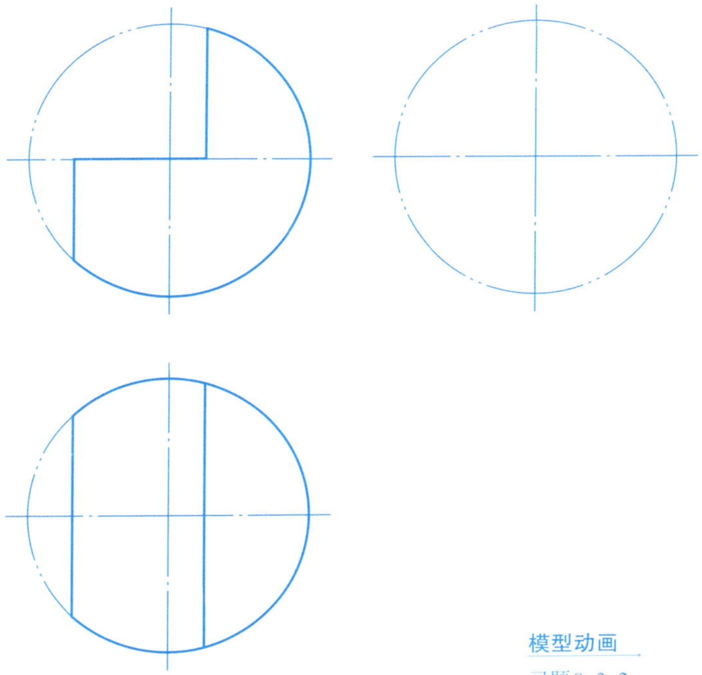

模型动画

习题8-3-2

4. 分析截交线，完成复合回转体的三视图。

(1)

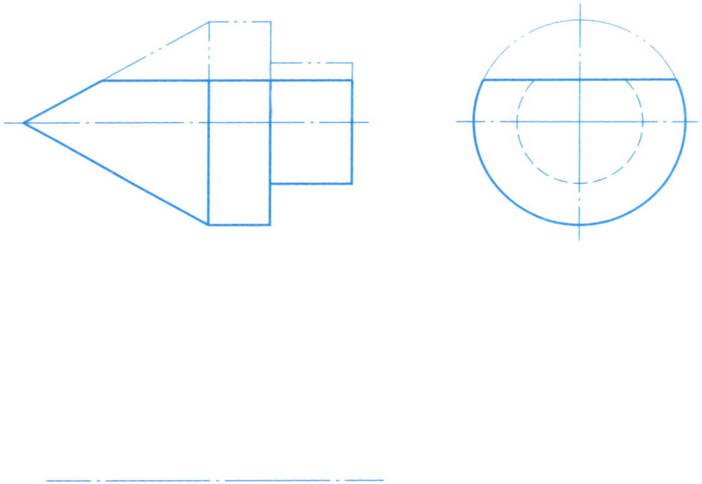

(2)

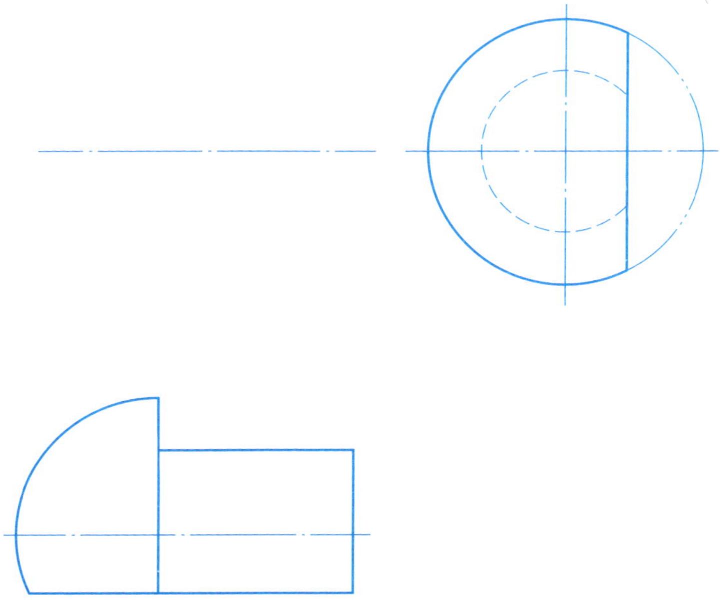

1. 求作主视图。

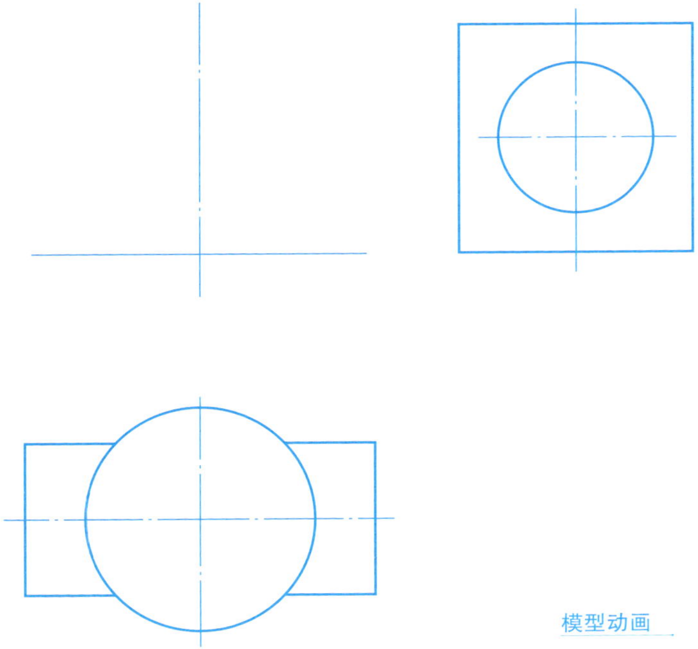

模型动画

习题9-1

2. 求作左视图。

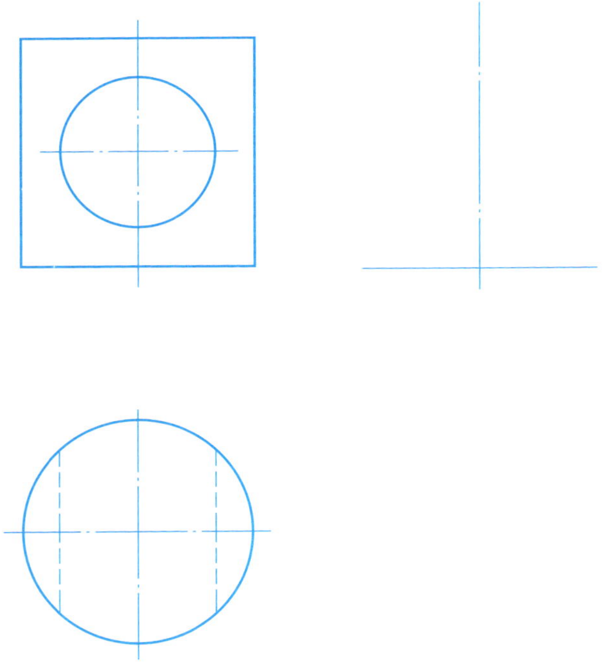

习题9 相贯立体的三视图(续)

班级　　　　学号　　　　姓名

3. 求作主视图。

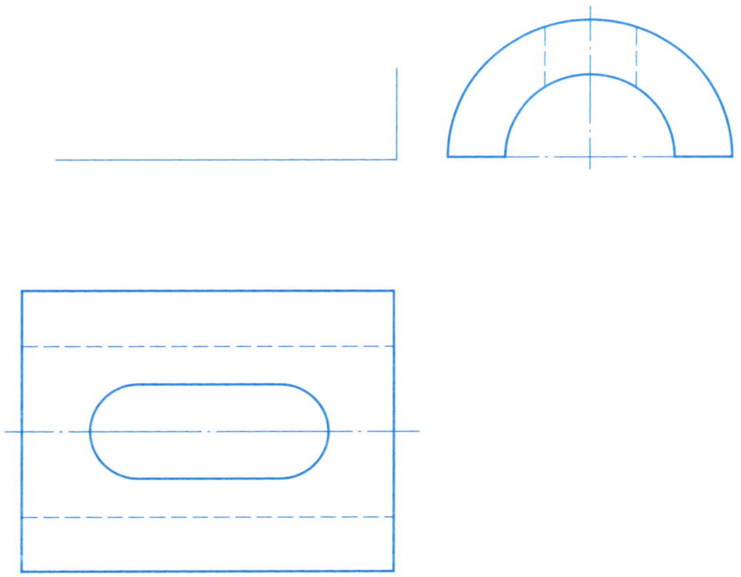

4. 完成相贯立体的三视图。

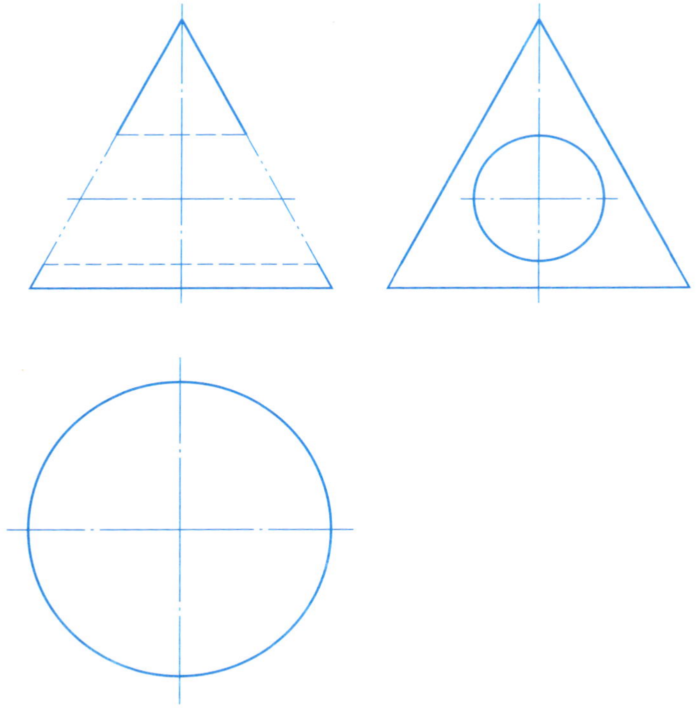

5. 完成相贯立体的三视图。

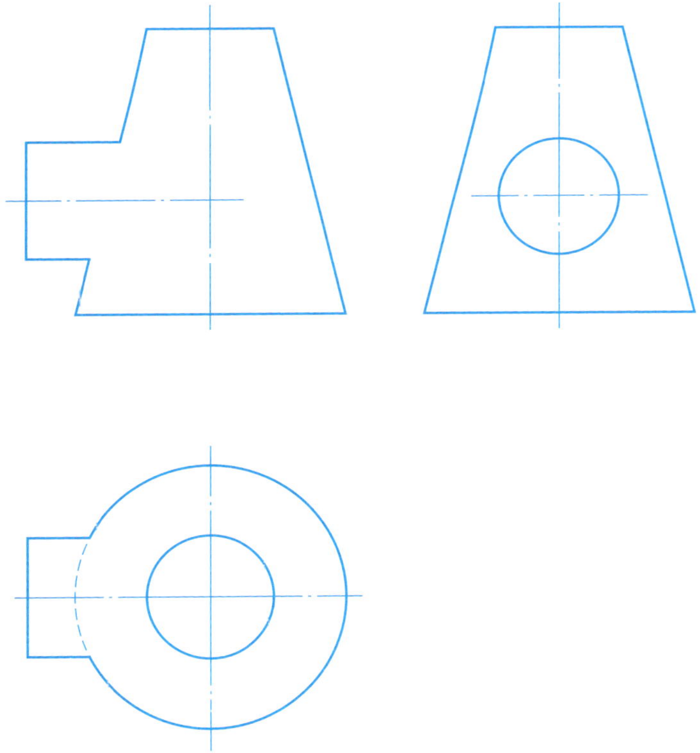

6. 补画相贯立体俯视图的图线，并作其左视图。

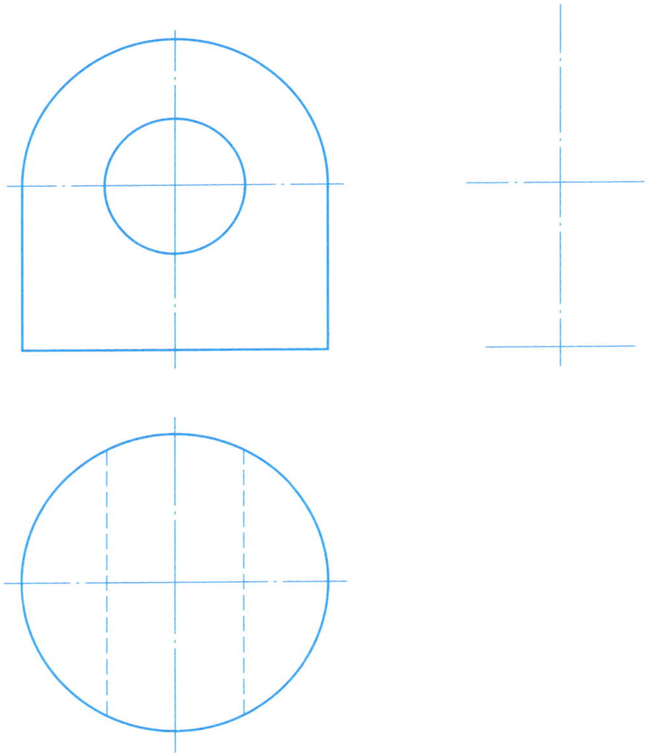

7. 完成相贯立体的三视图。

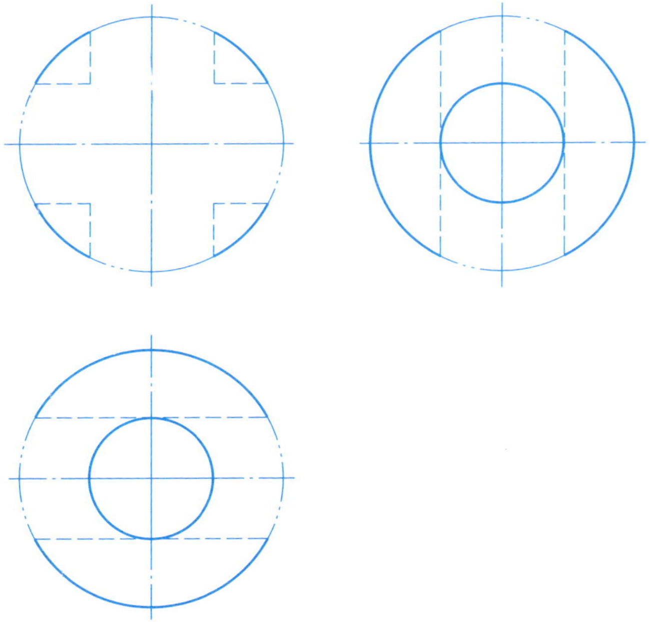

8. 完成相贯立体的三视图。

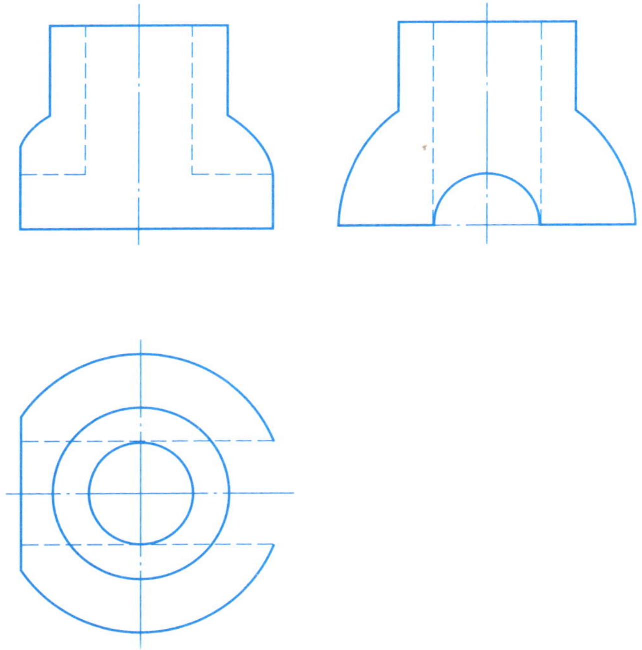

习题10 字体练习　　班级　　学号　　姓名

内 外 半 径 倒 角 螺 栓 柱 母 圆 热 处 理 垫 圈 球 为 其 余

1 2 3 4 5 6 7 8 9 0 Φ R 1 2 3 4 5 6 7 8 9 0 Φ R

A B C D E F G H I J K L M N O P Q R S T U V W X Y Z

习题10 字体练习(续) 班级 学号 姓名

a b c d e f g h i j k l m n o p q r s t u v w x y z

1 2 3 4 5 6 7 8 9 0 Φ R　　1 2 3 4 5 6 7 8 9 0 Φ R

机械制图名称审核日期比例姓班级学校序号技术要求材料规格数量

习题11 图线练习

班级　　　学号　　　姓名

1. 在指定位置抄画图线。

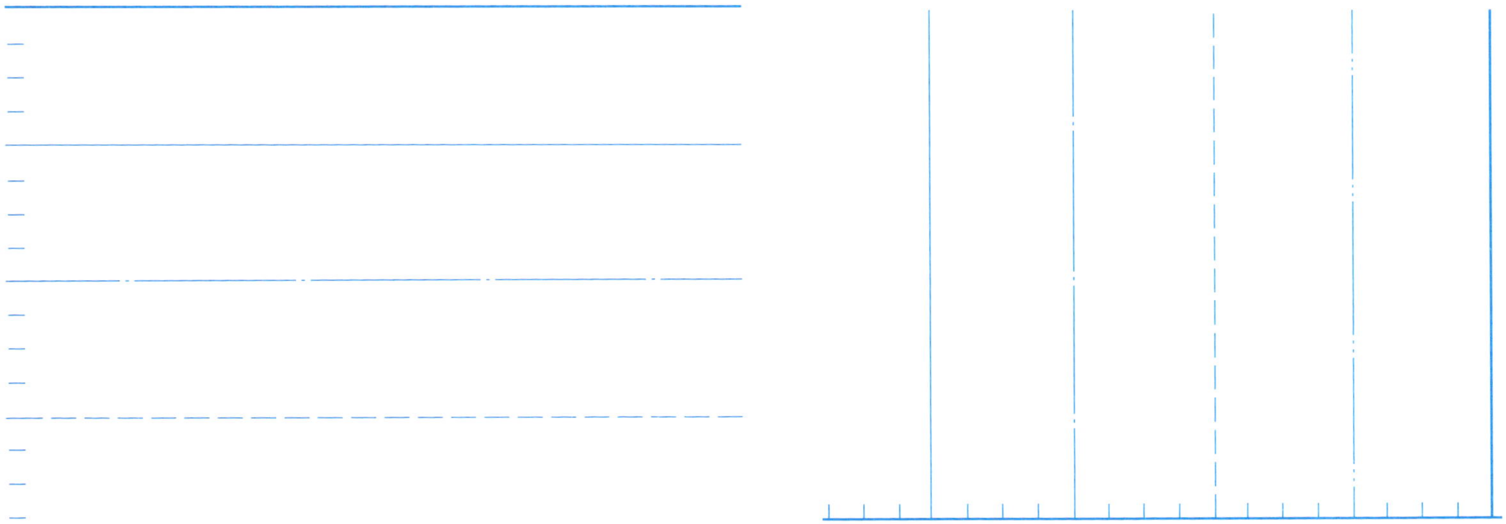

2. 过圆心分别作ϕ25mm的粗实线圆(相切)。

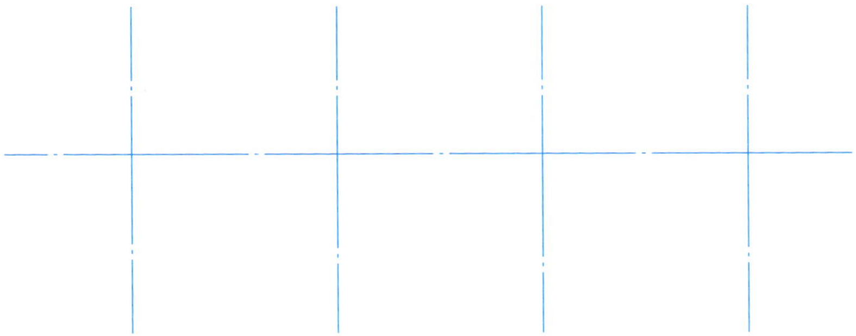

3. 在框内抄画45°细实线。

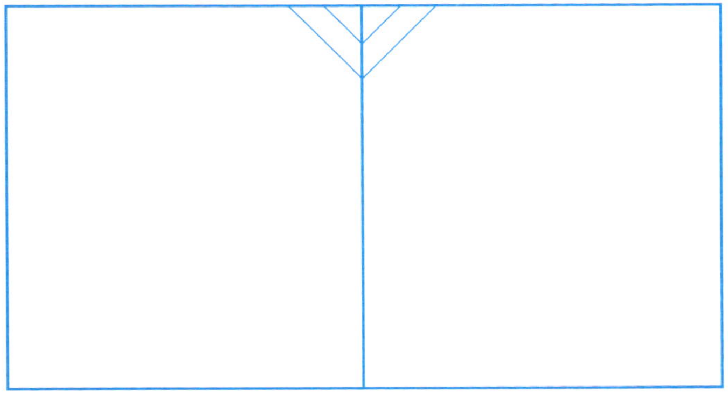

1.用四心近似法画椭圆(长轴=80mm,短轴=46mm)。

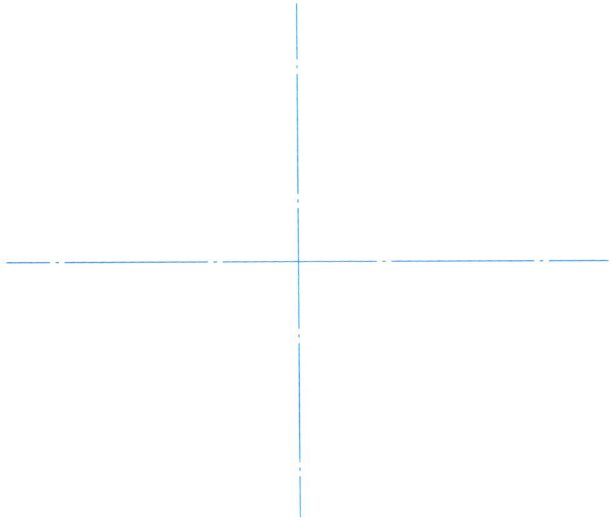

2.参照图例按斜度1:4补全下图，并标注尺寸。

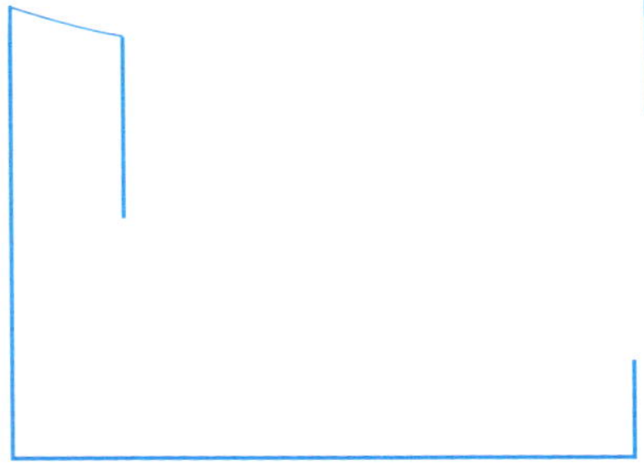

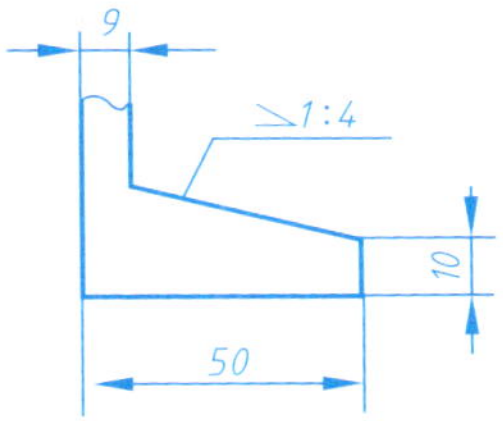

3.参照图例按锥度1:4补全下图，并标注尺寸。

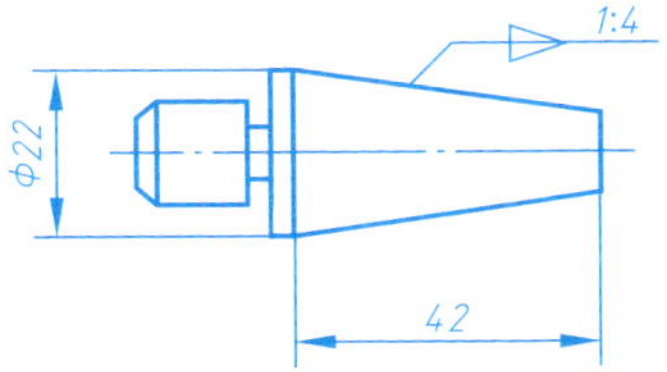

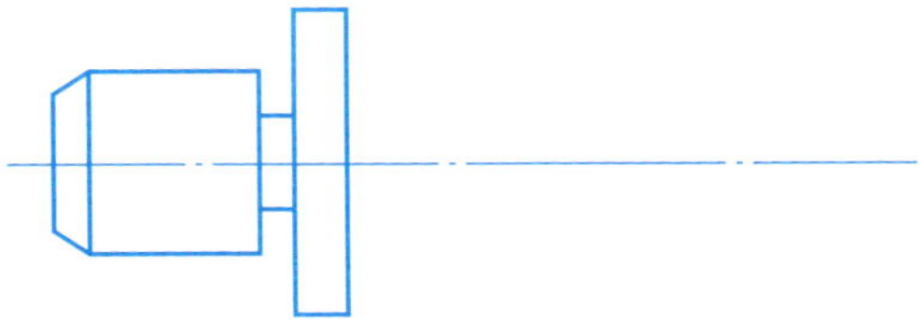

习题13 圆弧连接　　　　班级　　　　学号　　　　姓名

参照图列尺寸，补全平面图形的轮廓，保留找圆心及切点时的作图线。

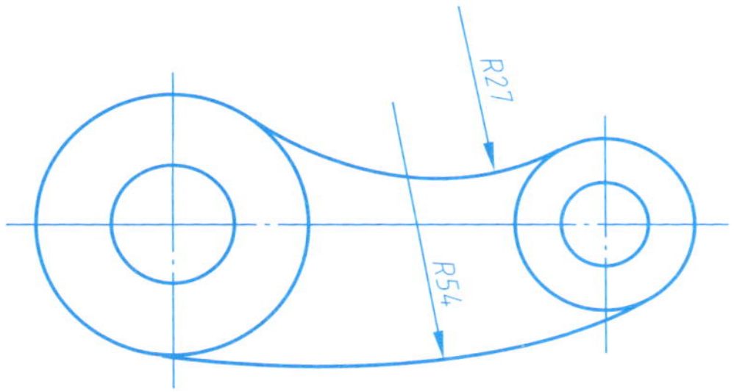

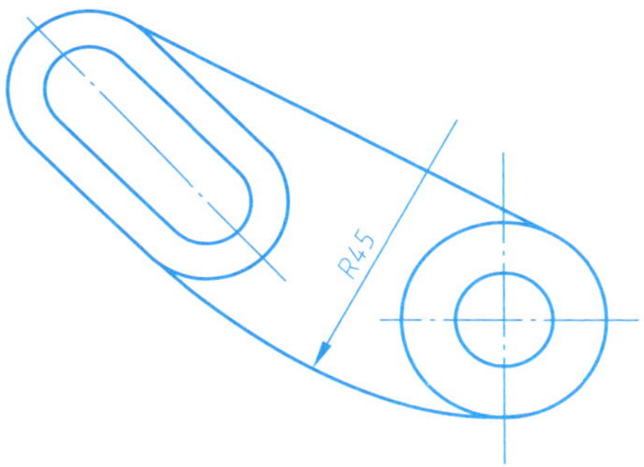

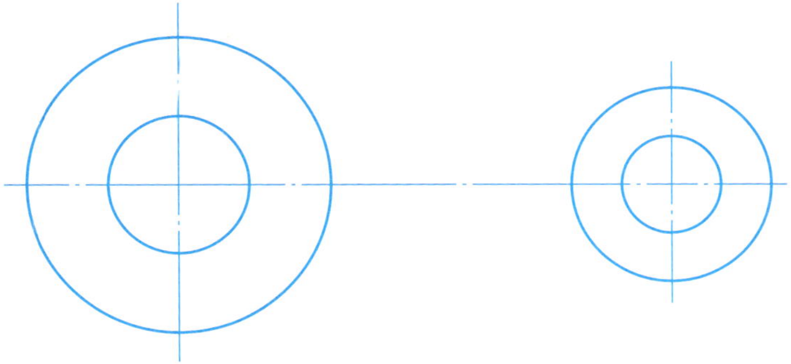

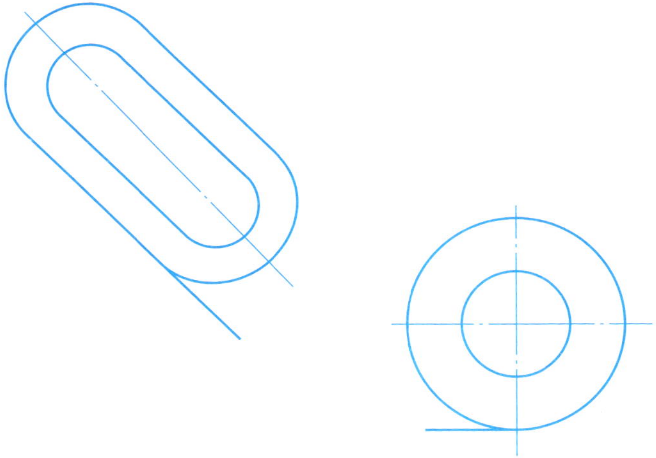

在指定位置抄画图例，比例为1:1。

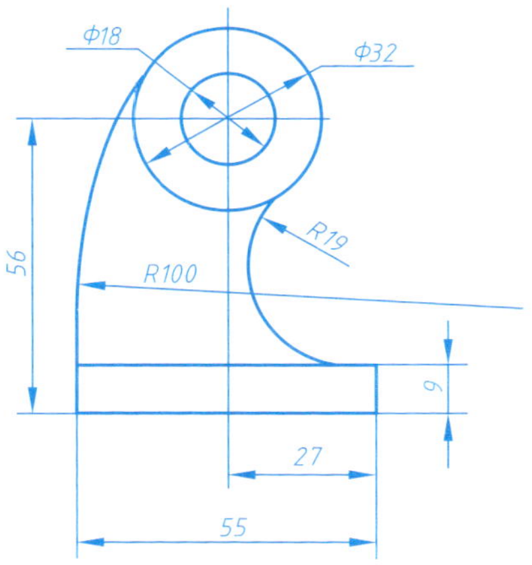

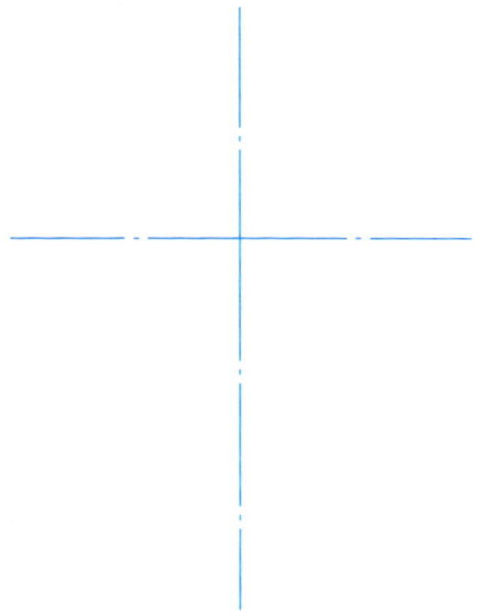

习题15 尺寸标注

班级　　　　学号　　　　姓名

按1:1的比例量取图例尺寸数值(取整)并标注。

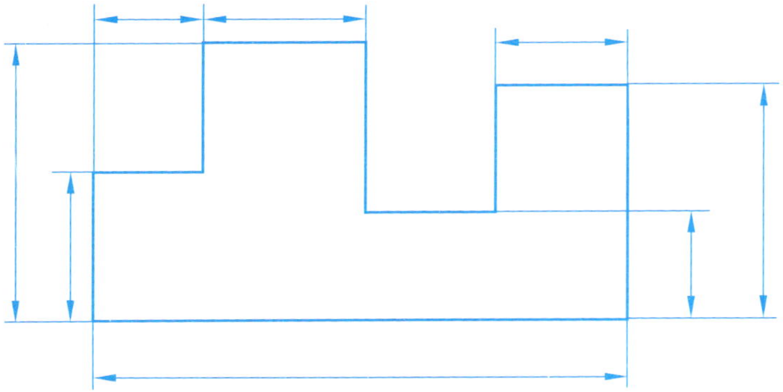

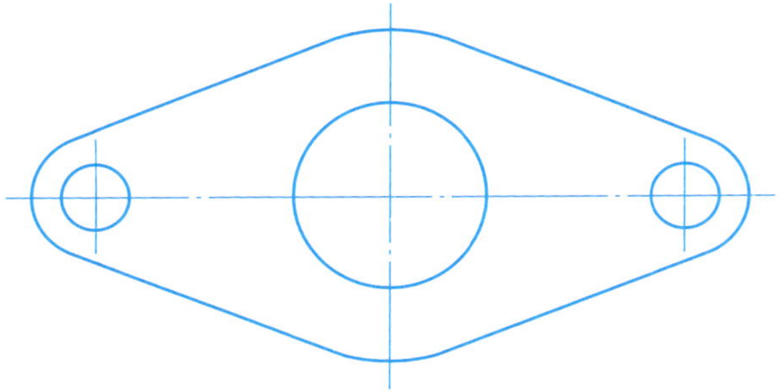

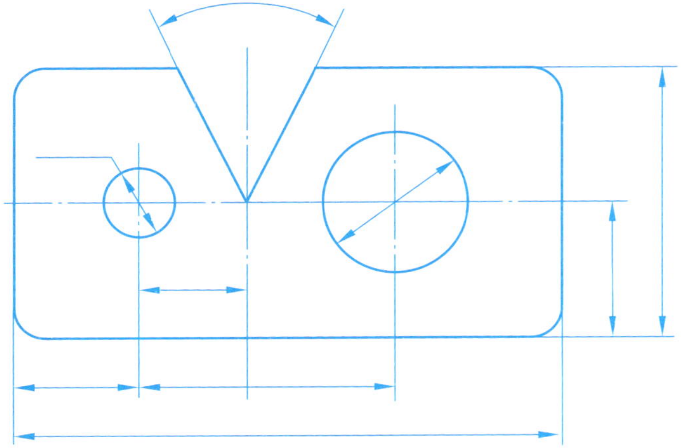

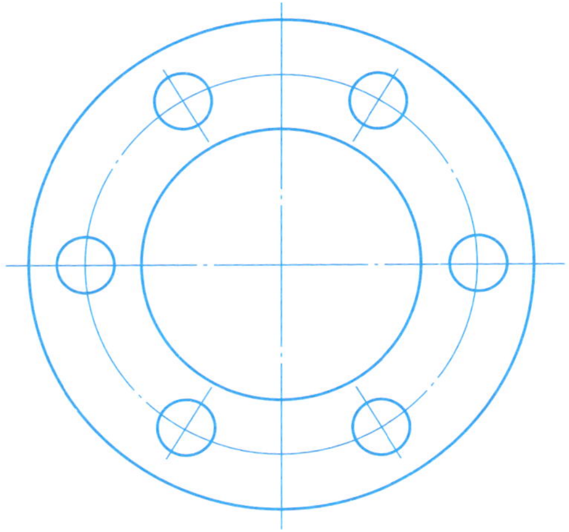

习题16 图线及尺寸　　　　班级　　　　学号　　　　姓名

图名：图线及尺寸

图幅：A4

比例：1:1

一、作业内容

抄画图线(图形)，并抄注尺寸。

二、作业目的

1.熟悉制图标准有关图幅、图线及字体的规定。

2.初步掌握绘图仪器、绘图工具的使用方法和作图方法。

3.初步掌握图线画法、圆周等分和尺寸注法。

三、作业要求

1.按照图上尺寸用1:1的比例将其抄画在A4图纸上，并标注尺寸。

2.绘图仪器、绘图工具的使用方法要正确，量取尺寸和等分要精确。

3.图线要浓淡一致．同类图线的粗细要一致，虚线、点画线的长短画、间隔要一致。

4.字体工整，汉字写成长仿宋体字。布图匀称，图面整洁。

四、作业指示

1.将图纸竖放在图板偏左下方适当位置，使纸边与丁字尺的尺边平行后，用胶带纸将图纸四角固定在图板上。

2.画出图框线，并在右下角靠齐图框线画出标题栏。

3.布置图形，画出对称中心线、基准线、端面线等。图面布置要注意匀称、美观。

4.按图中尺寸用H(或2H)铅笔画底稿，底稿线要画得轻、细、准。

5.严格遵守国家标准《机械制图》的有关规定，正确绘制各种图线和标注尺寸。

6.图中45°细斜线之间的间隔应一致。

7.画完底稿经检查无误后，按标准描深图线，并标注尺寸，最后填写标题栏。

8.描深时，应先描深圆或圆弧，再描深直线。为使直线和弧的浓淡一致，加深圆或圆弧时，可换较软一级的铅芯。细线可一次性准确画出，不再描深。

9.标题栏中的图名和校名建议用7号字，其余均为5号字。为使字体整齐、匀称、美观，可先打好格子，写完字后再用橡皮擦去格子。

拓展阅读

树立国家标准意识

习题16　图线及尺寸(续)　　　　班级　　　　学号　　　　姓名

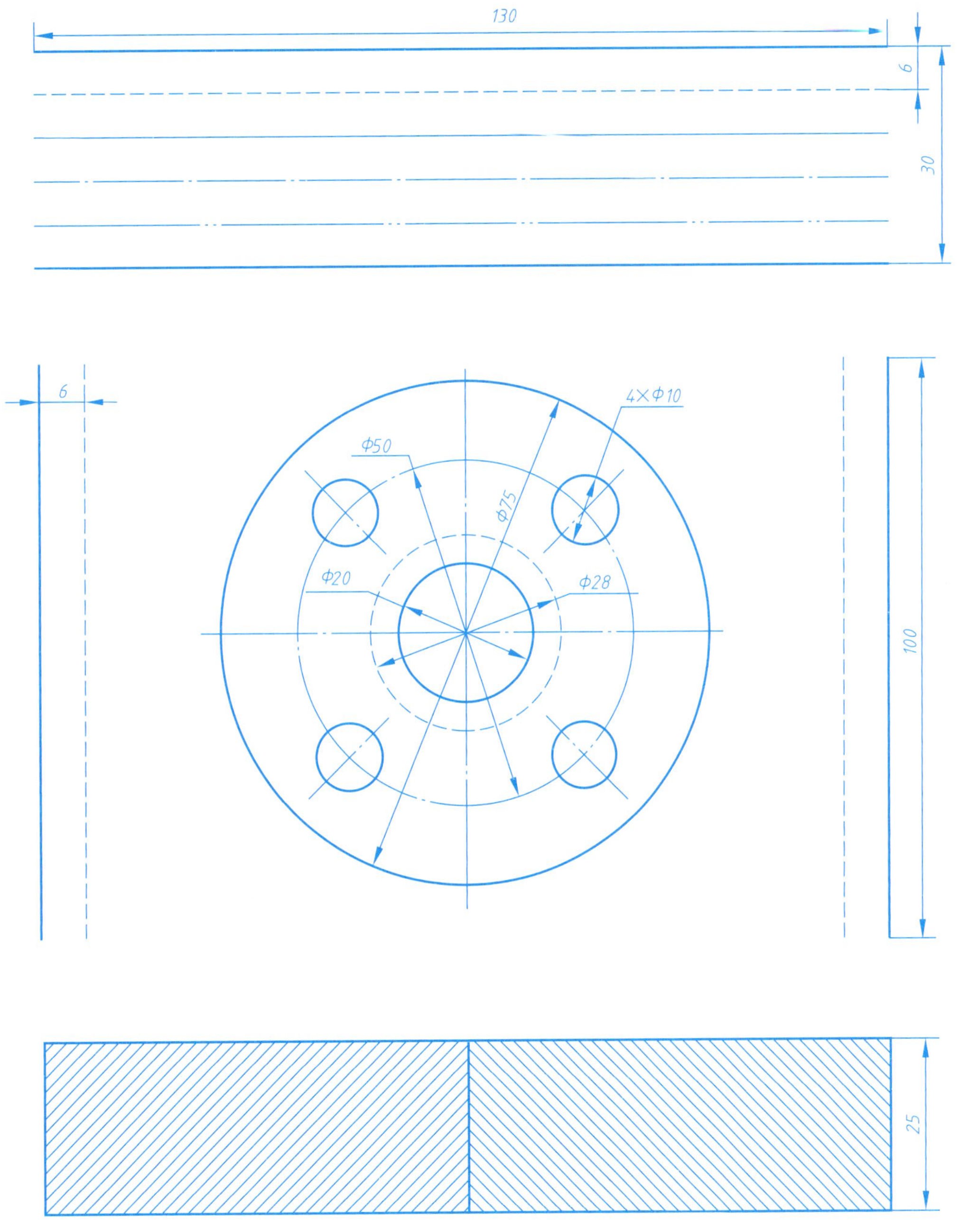

制图	(姓名)	(日期)	(图　名)	比例	
审核	(姓名)	(日期)		(图号或存储代号)	
(校名　班级)			(材料或质量)		

图名：平面图形及尺寸标注

图幅：A4

拓展阅读

严谨绘图

一、作业内容

画平面图形(圆弧连接)，并抄注尺寸。

二、作业目的

1.熟悉圆弧连接的作图方法。

2.学习平面图形的尺寸分析。

3.初步掌握图线画法。

三、作业要求

1.按照图上尺寸将其抄画在A4图纸上，并标注尺寸。

2.正确定出图上各圆弧的圆心和连接点(切点)，光滑地连接各圆弧。

3.尺寸标注正确，图线符合要求。布图匀称，图面整洁。

四、作业指示

1.分析尺寸，确定圆弧连接中的已知线段并先将其画出，然后画出中间线段，最后画连接线段。

2.底稿线要画得细而淡，圆心和连接点(切点)的位置要找正确，并在底稿中轻轻标出，以保证描深时圆弧光滑连接。

3.底稿画完后，擦去多余的线，经检查无误后再描深图线。

4.标注图形中的全部尺寸。尺寸标注应正确、清晰。

5.图框格式、字体书写应符合标准要求。

1. 按1:2比例画出图例，并标注尺寸。

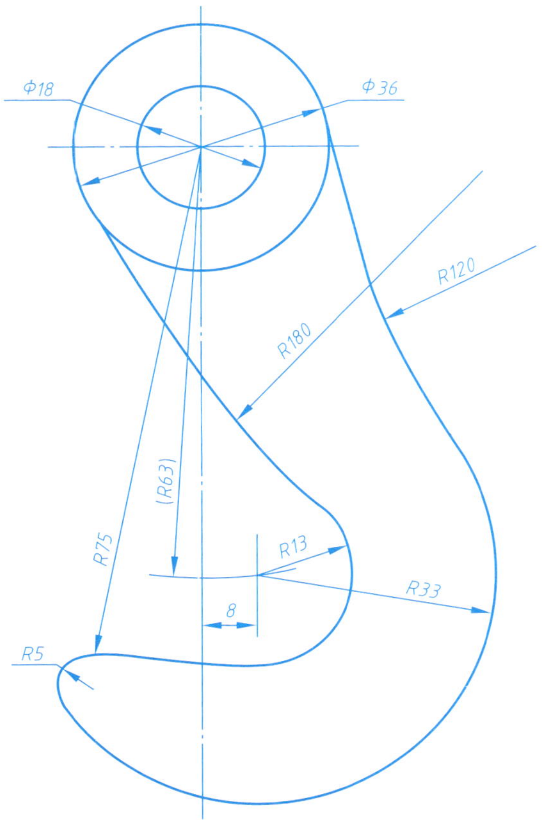

2. 按1:1比例画出图例，并标注尺寸。

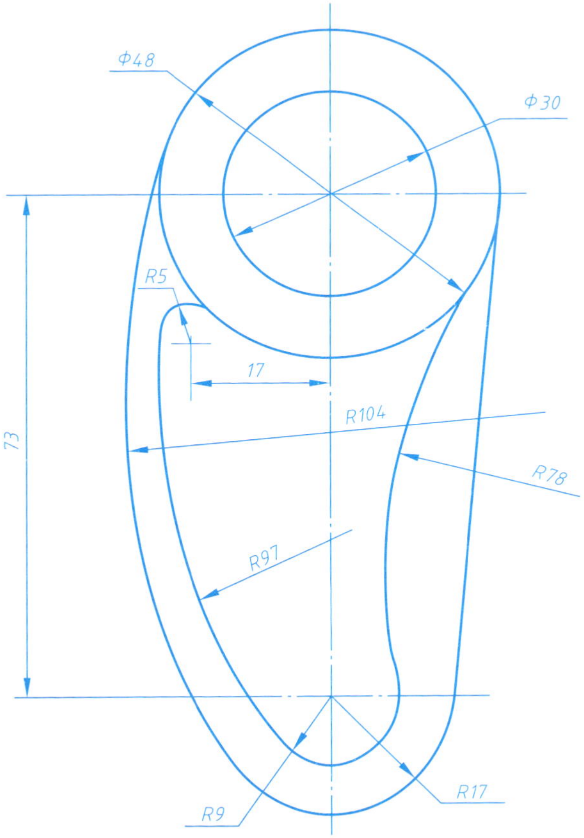

3.按1:1比例画出图例,并标注尺寸。

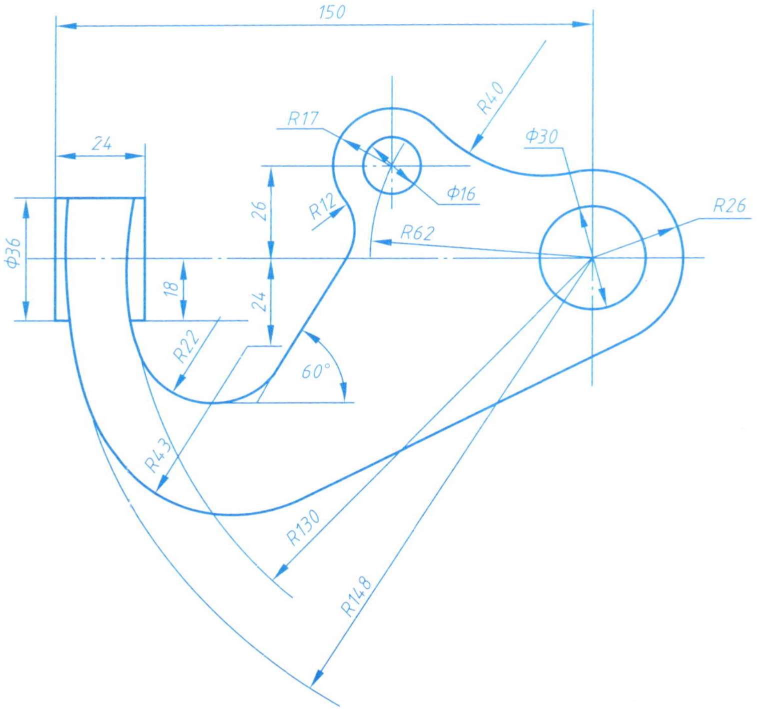

4.按1:1比例画出图例,并标注尺寸。

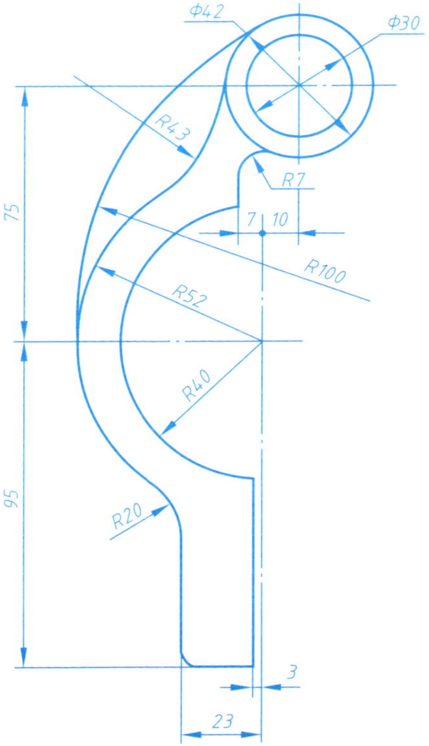

1. 根据轴测图，画出其第三视图。

(1)

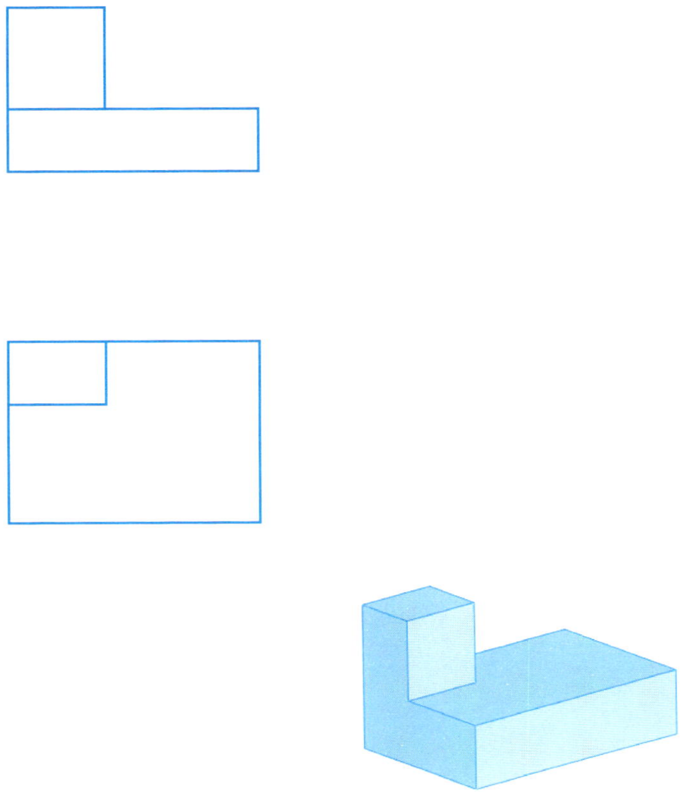

(2)

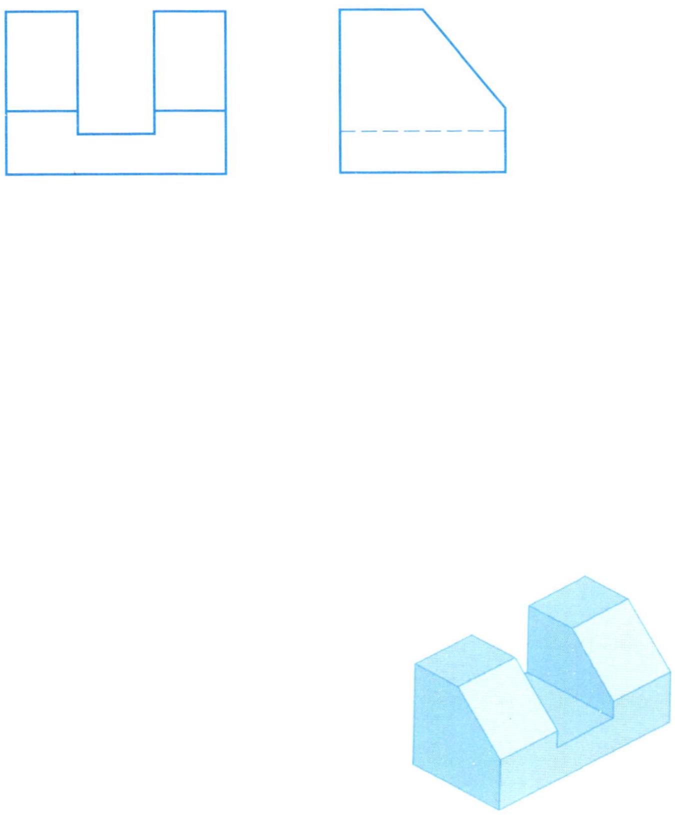

(3)

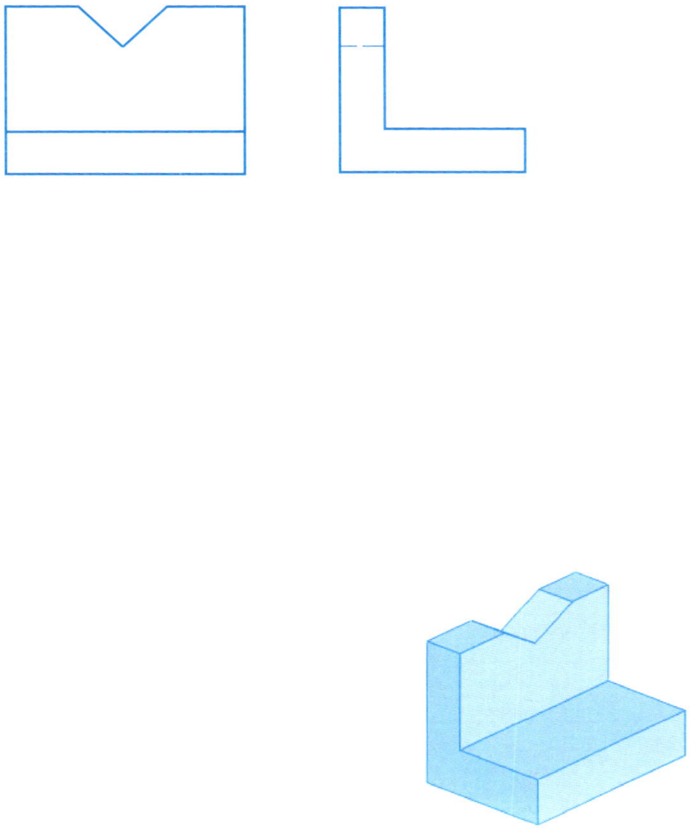

(4)

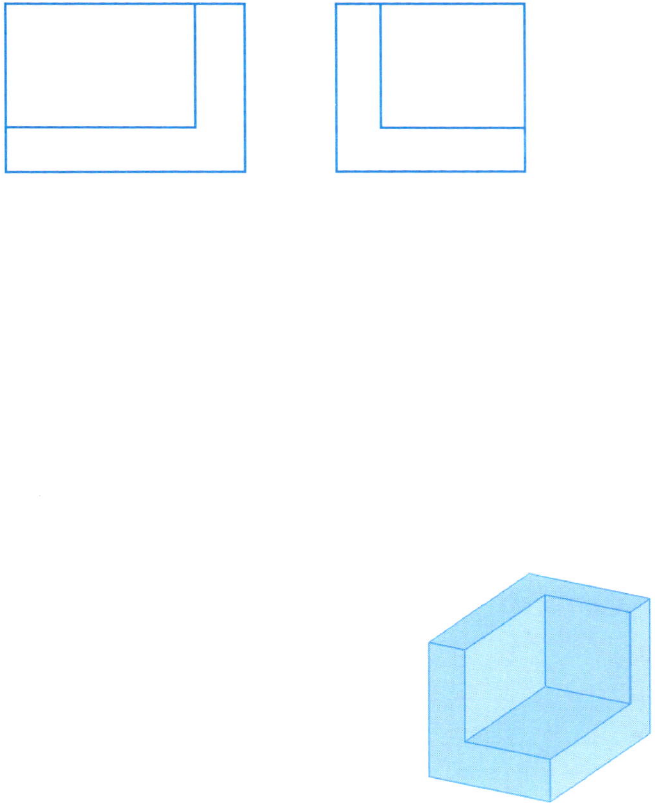

习题18 根据轴测图画三视图(续)

班级　　学号　　姓名

(5)

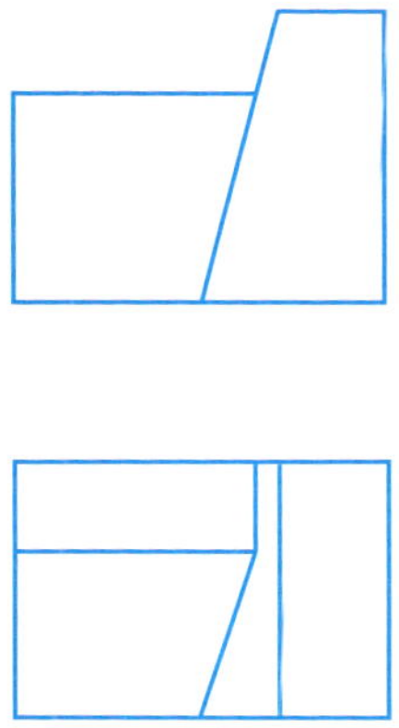

模型分析

习题18-1-5

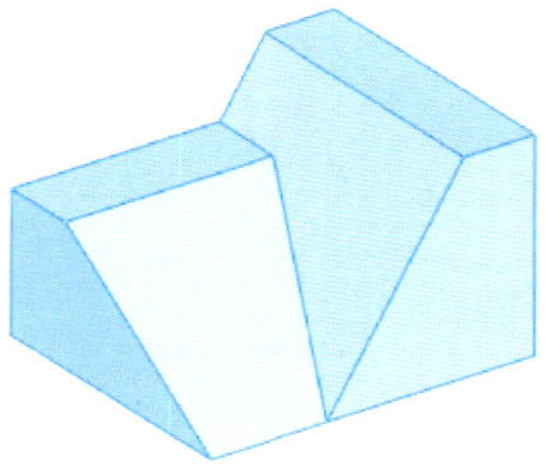

(6)

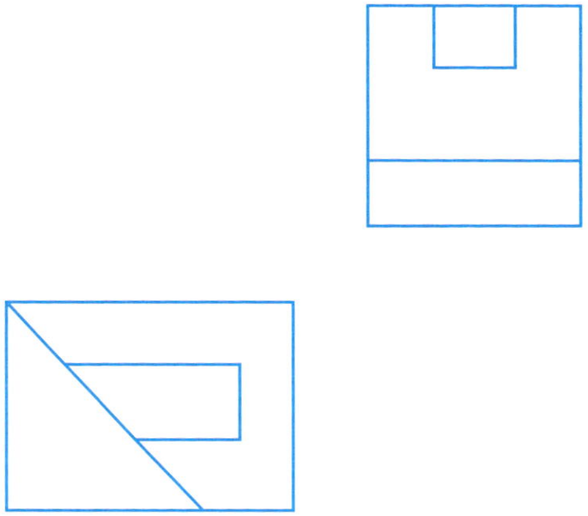

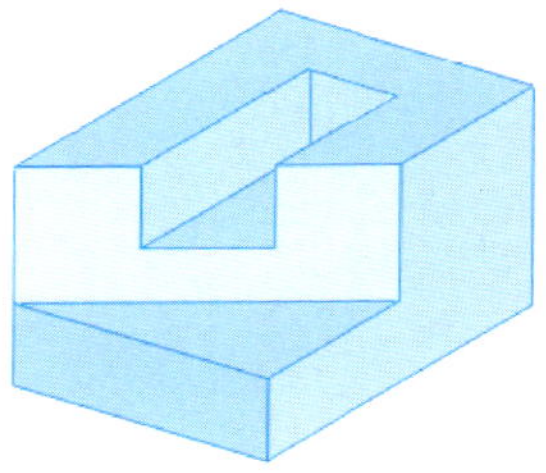

(7)

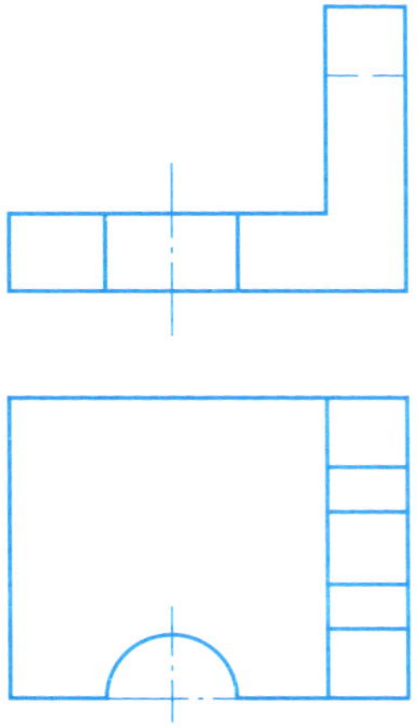

模型分析

习题 18-1-7

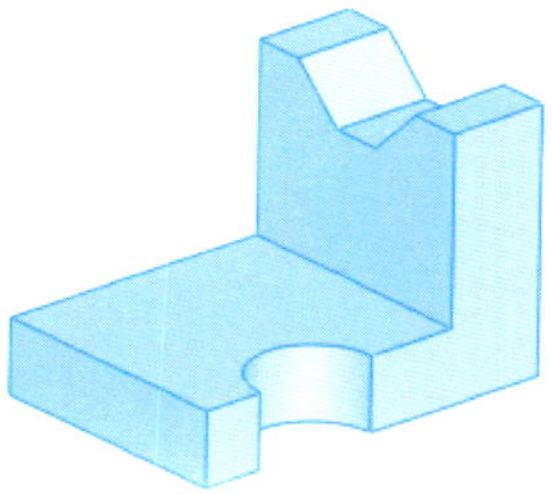

(8)

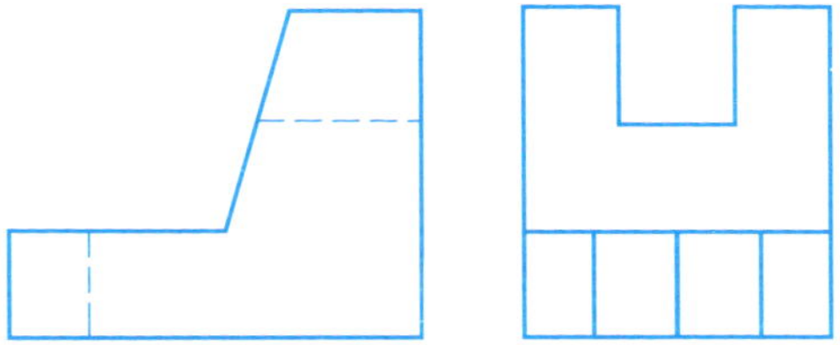

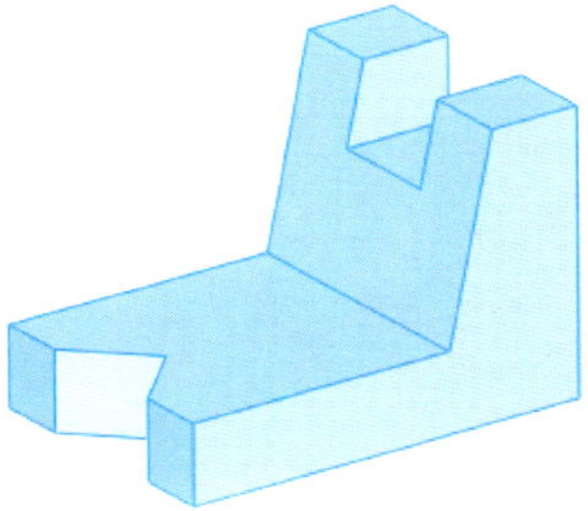

2. 根据轴测图，画其三视图。

(1)

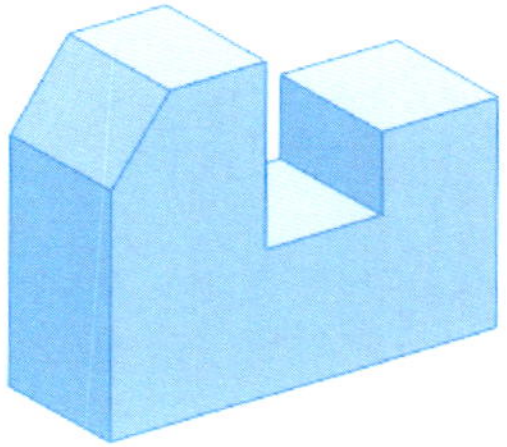

(2)

(3)

模型分析

习题18-2-3

(4)

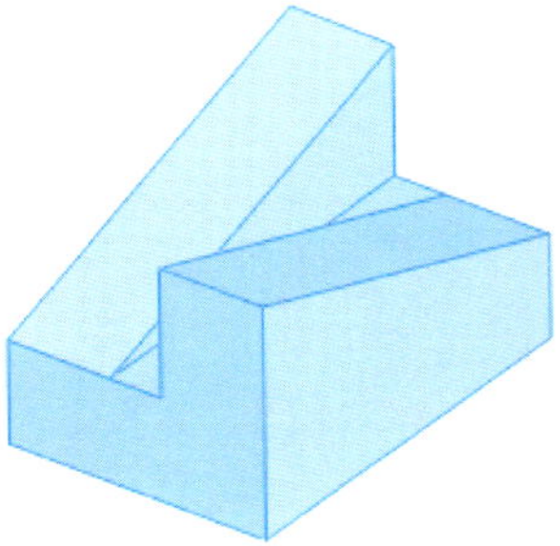

(5)

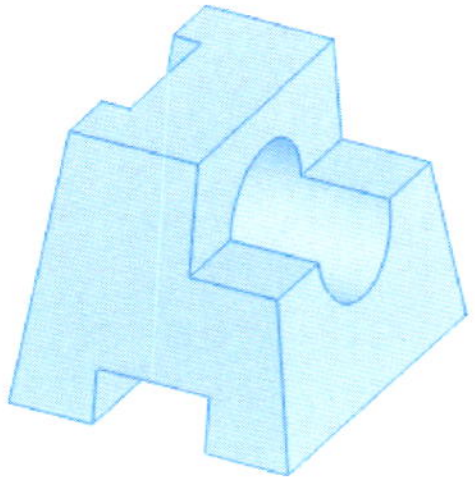

(6)

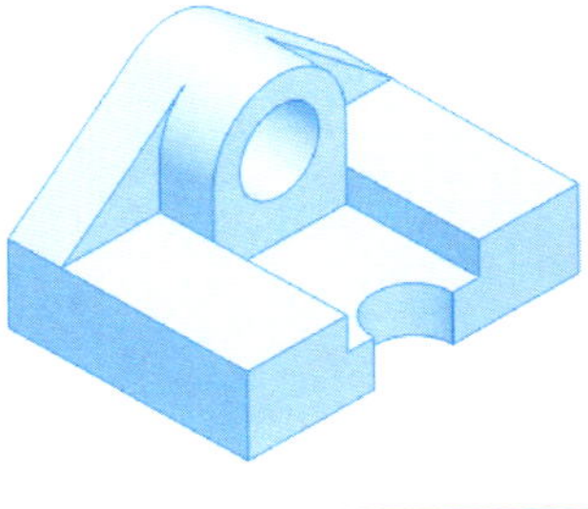

(7)

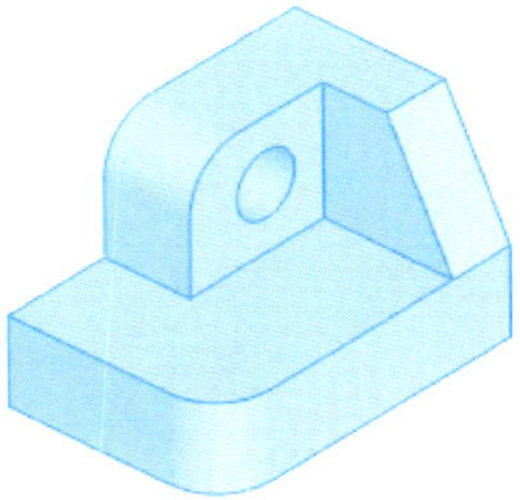

(8)

班级　　　　学号　　　　姓名

(9)

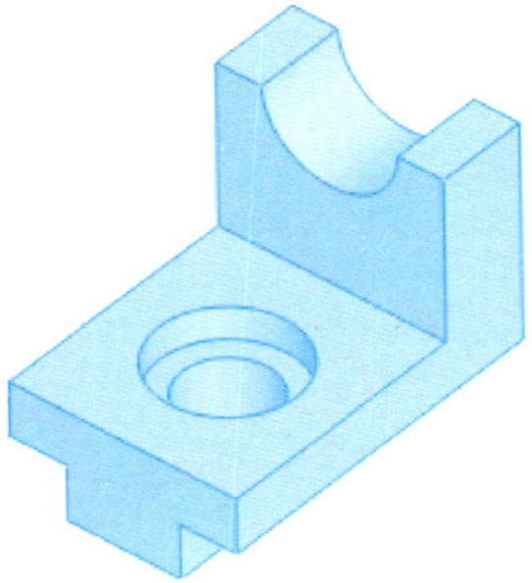

模型分析

习题18-2-9

(10)

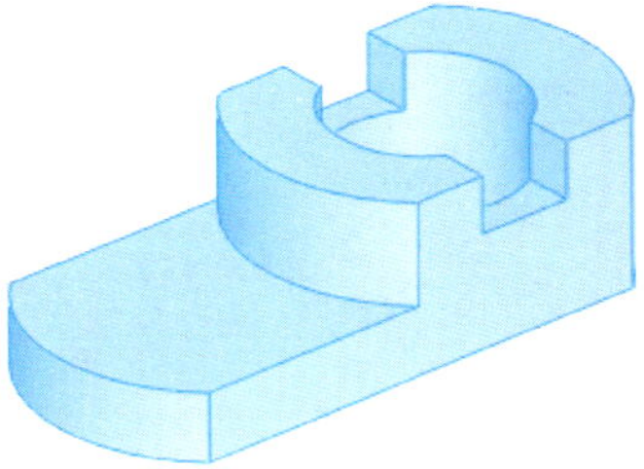

习题19 根据视图找出相应的轴测图　　　　班级　　　　学号　　　　姓名

1.

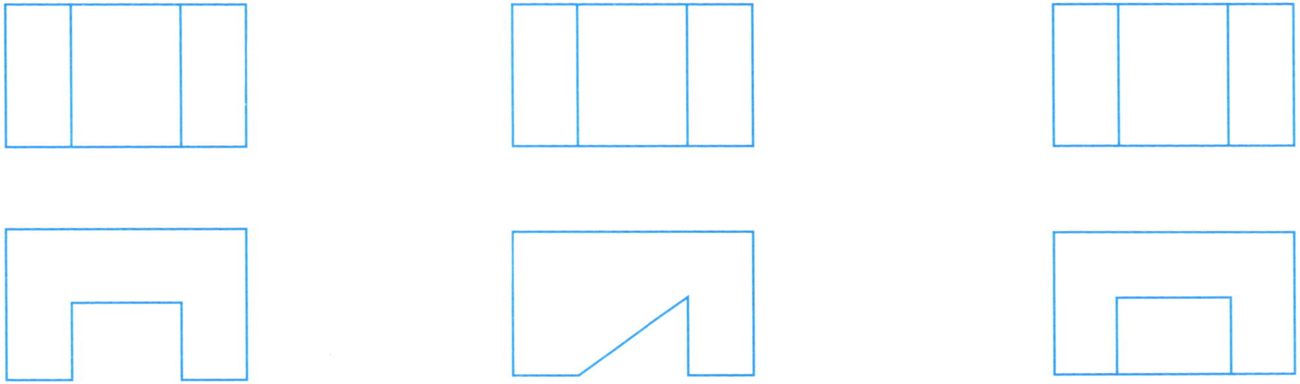

(　　)　　(　　)　　(　　)

(a)　　(b)　　(c)

习题19 根据视图找出相应的轴测图(续)　　班级　　学号　　姓名

2.

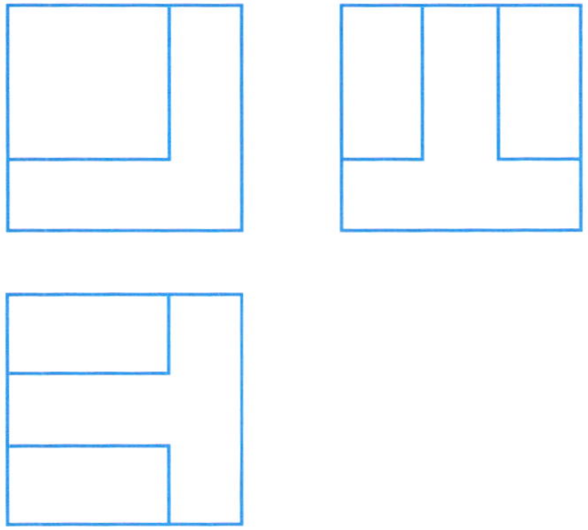

(　　)

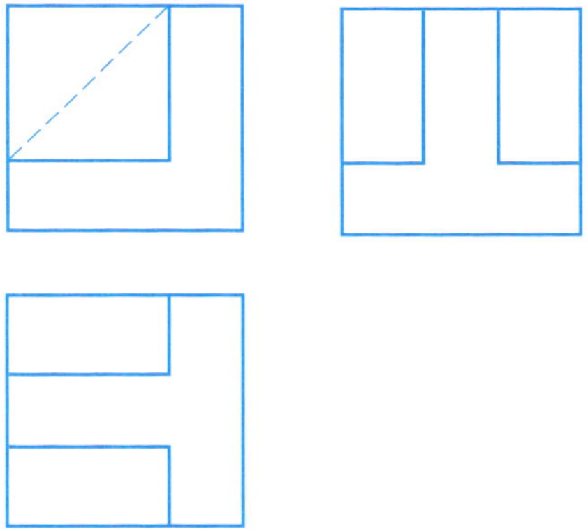

(　　)

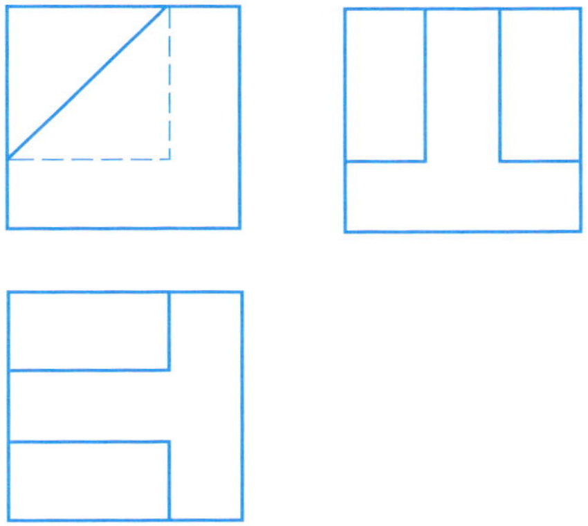

(　　)

(a)

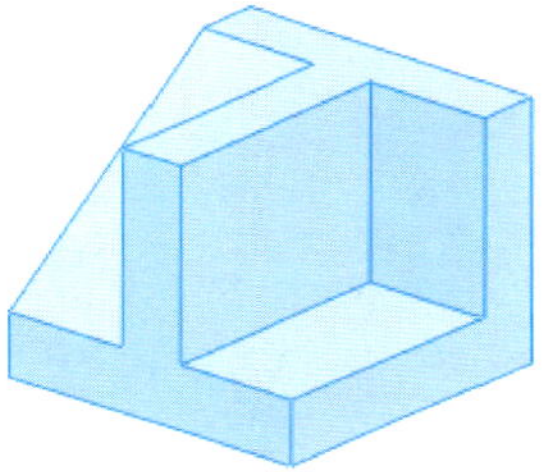

(b)

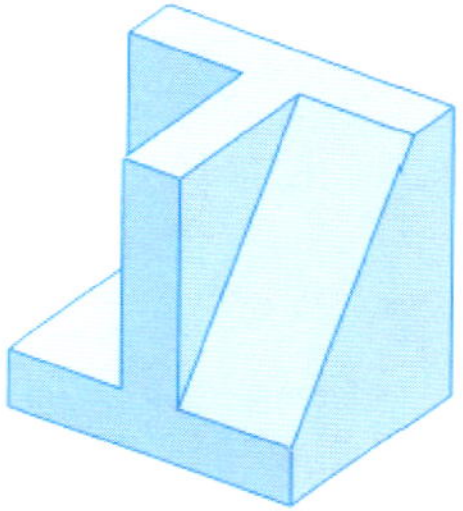

(c)

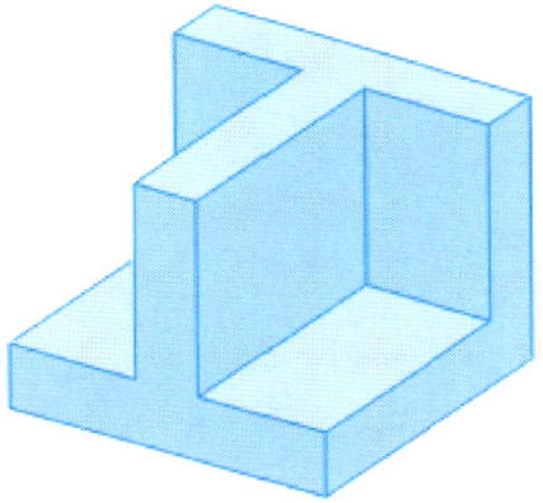

习题20 补画视图中所缺的图线

班级　　　　学号　　　　姓名

1.

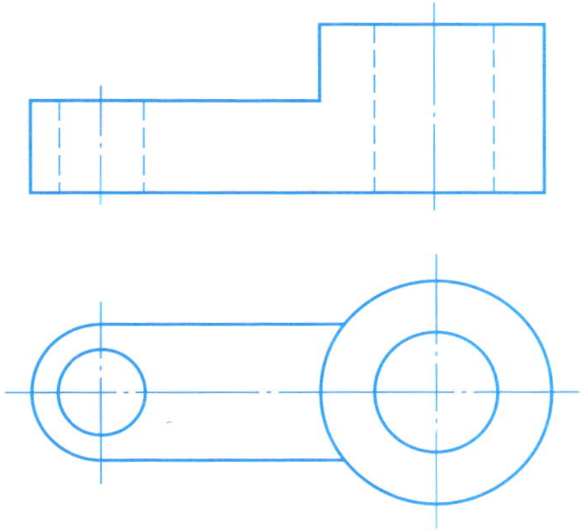

作图分析

习题20-1

2.

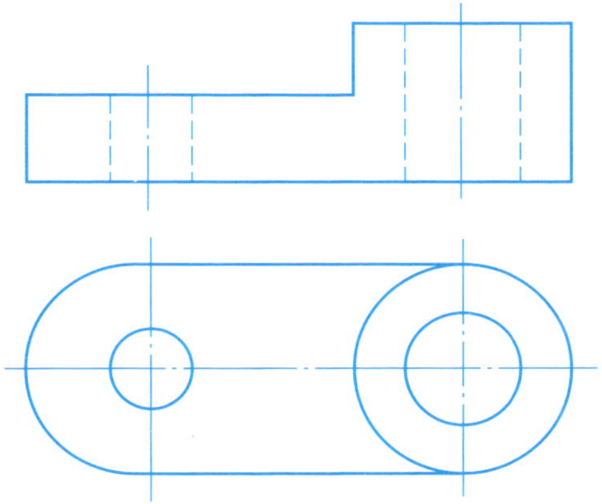

3.

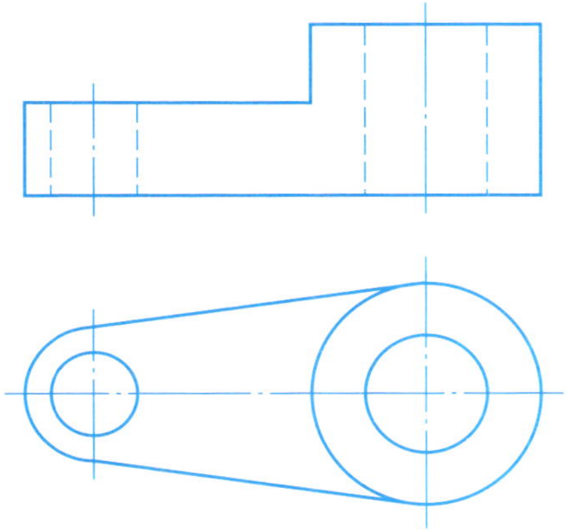

4.

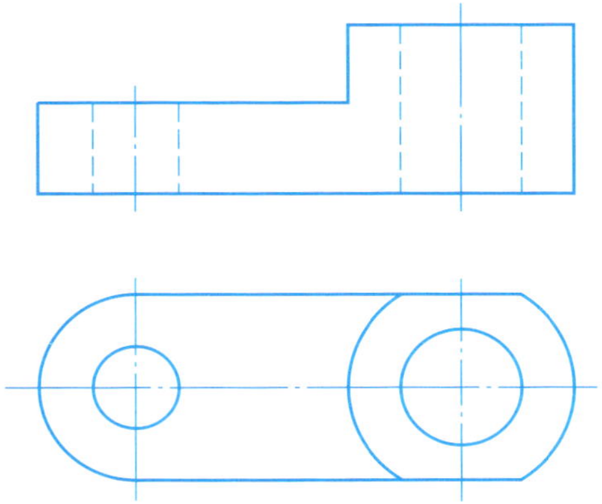

5.

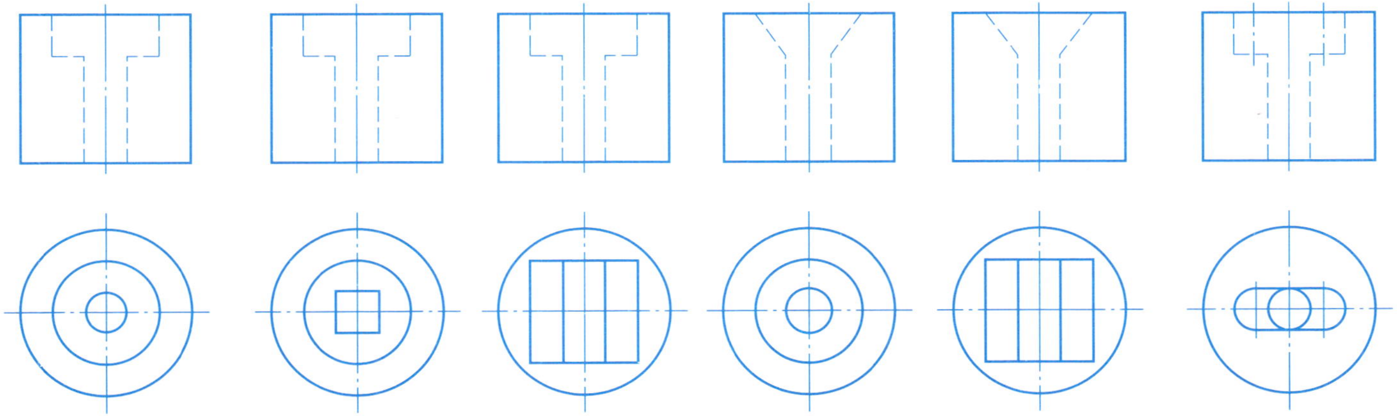

6.

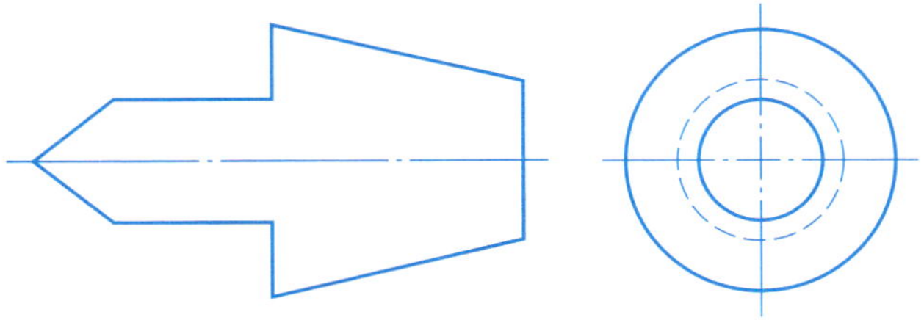

7.

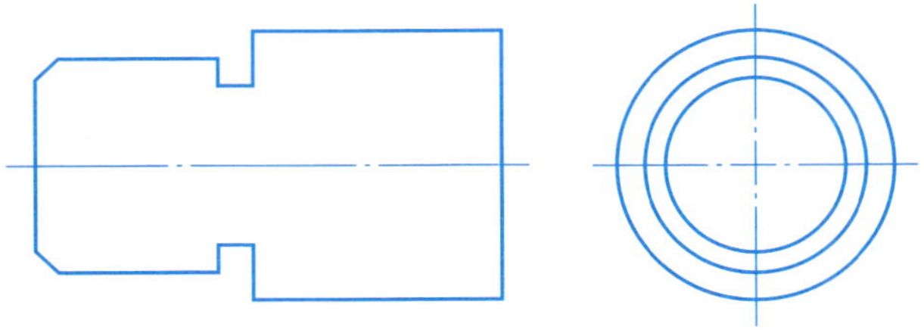

习题20 补画视图中所缺的图线(续)

班级　　　　学号　　　　姓名

8.补画视图中所指的图线和线框在其他视图上的投影，判别它们与投影面以及相互之间的相对位置，并回答问题。

(1)

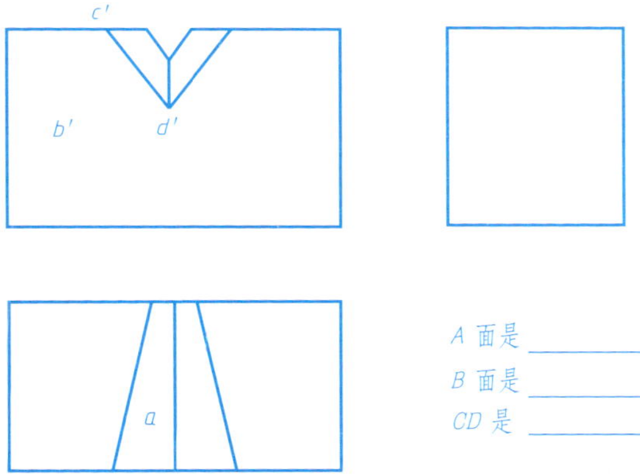

A 面是 ____________ 面；

B 面是 ____________ 面；

CD 是 ____________ 线。

(2)

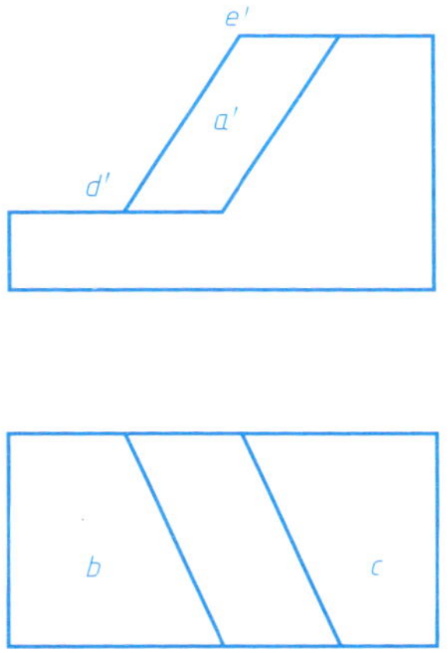

A 面是 ____________ 面；

B 面在 C 面之 ________；

DE 是 ____________ 线。

(3)

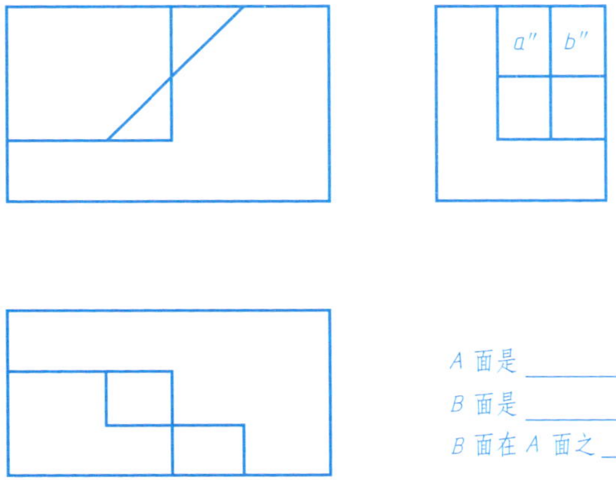

A 面是 ____________ 面；

B 面是 ____________ 面；

B 面在 A 面之 ________ 。

(4)

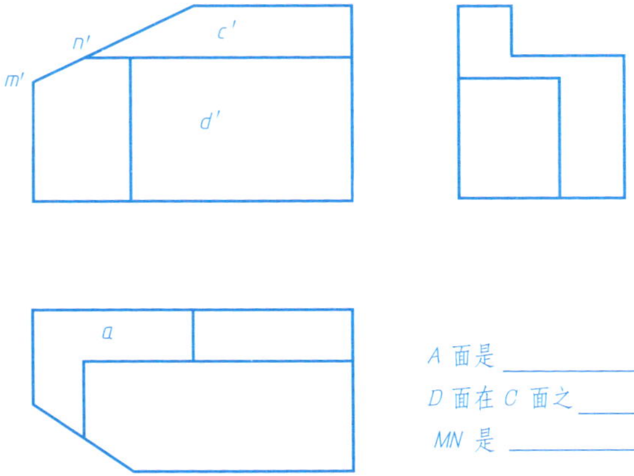

A 面是 ____________ 面；

D 面在 C 面之 ________；

MN 是 ____________ 线。

1. 依次想象出图中各物体的形状，并画出第三视图。

(1)

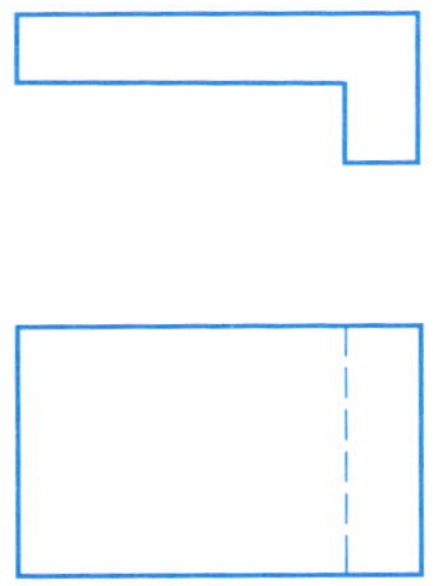

(2)

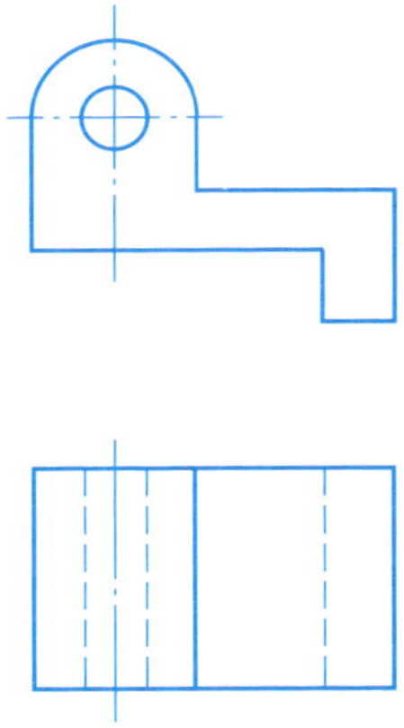

(3)

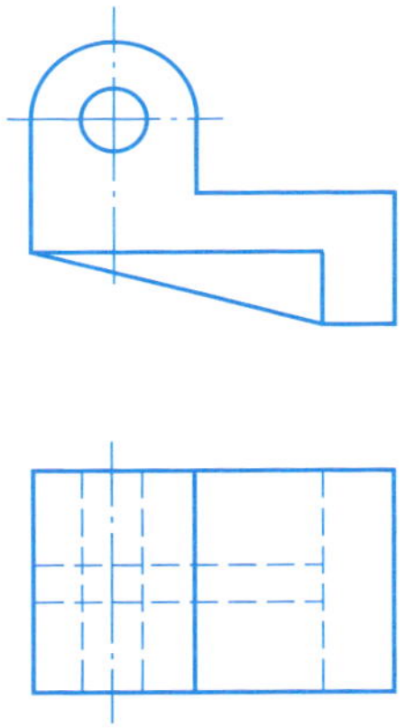

(4)

(5)

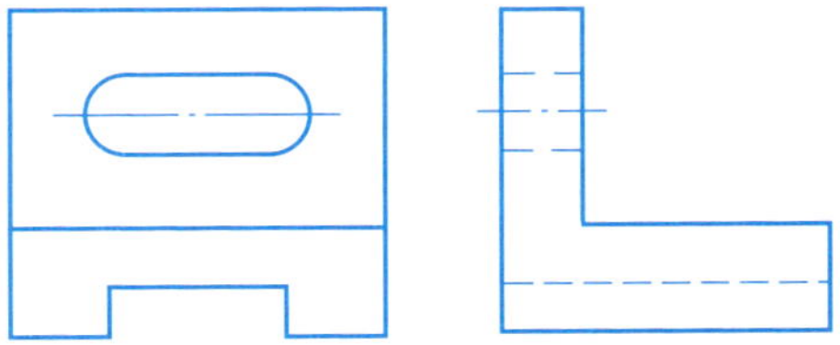

(6)

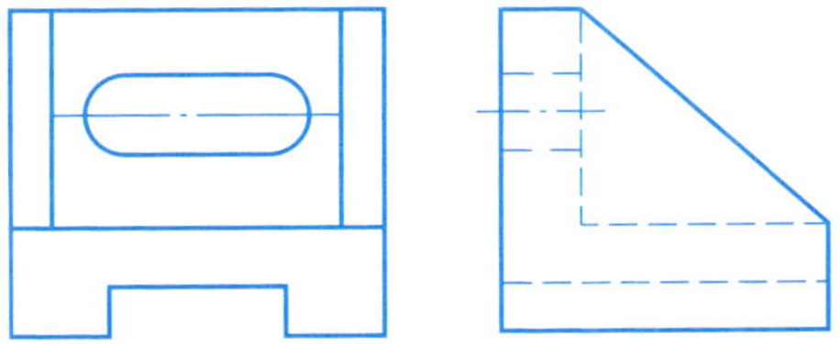

2. 在右侧分别画出形体1、形体2、形体3的俯、左视图，然后画出组合体的左视图。

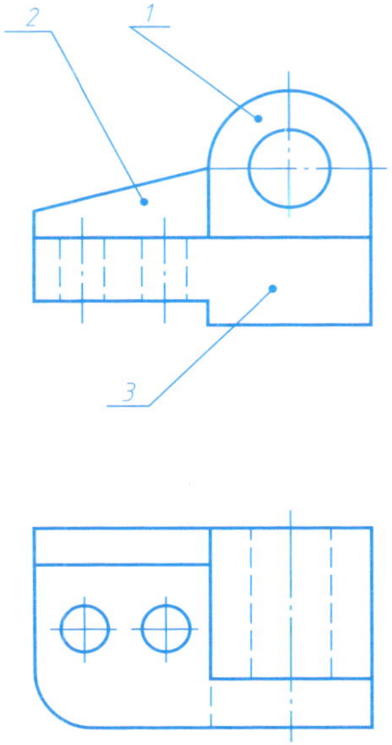

模型动画

习题21-2

形体1

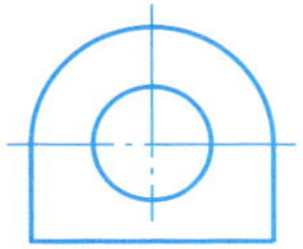

形体2

形体3

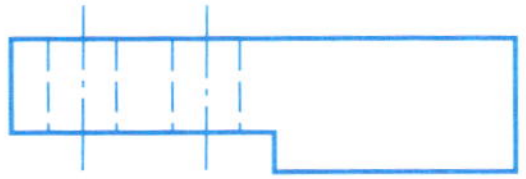

习题22 读组合体的两视图并补画第三视图

班级　　学号　　姓名

1.

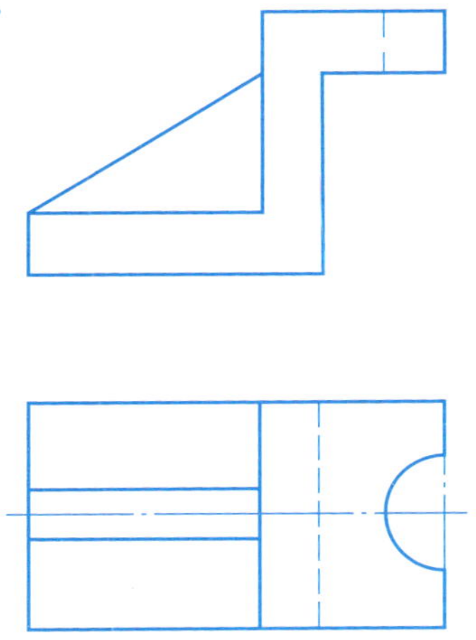

2.

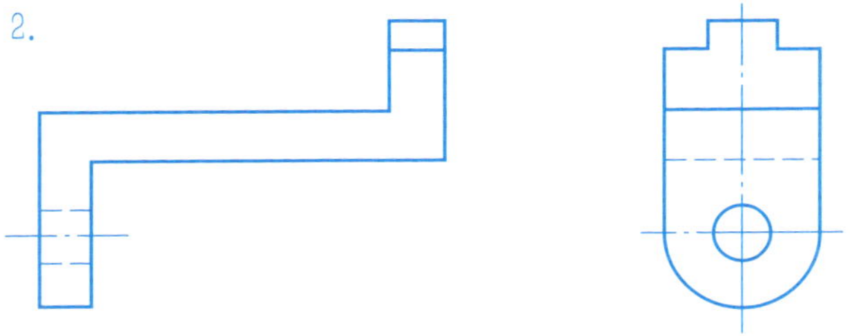

作图分析

习题22-2

3.

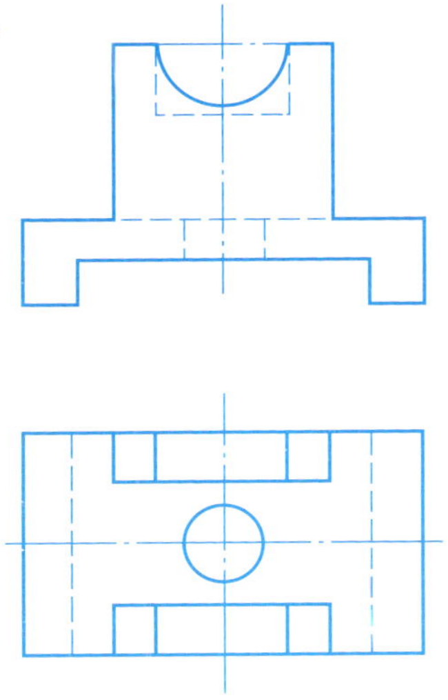

模型动画

习题22-3

4.

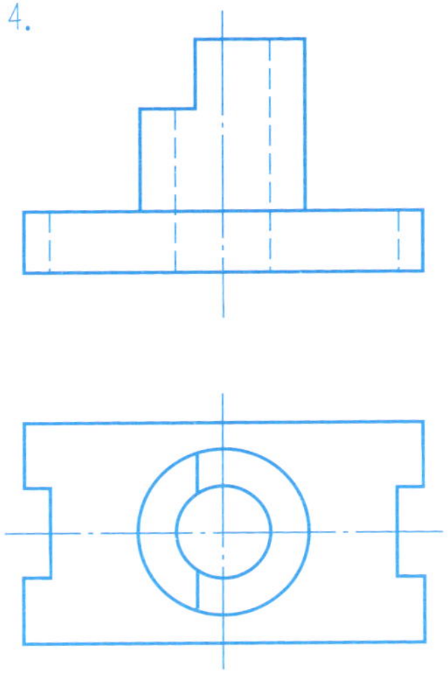

模型动画

习题22-4

5.

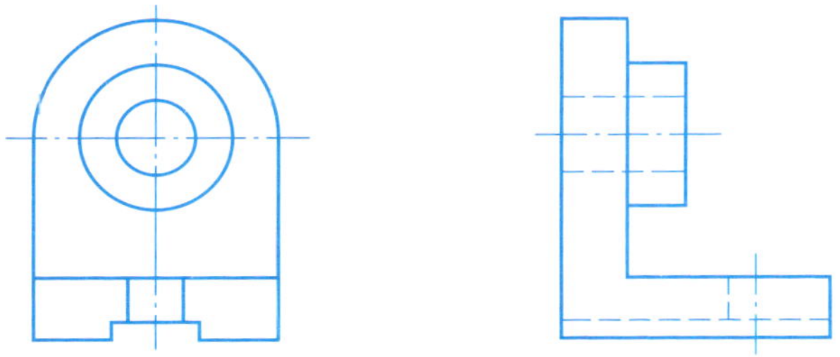

6.

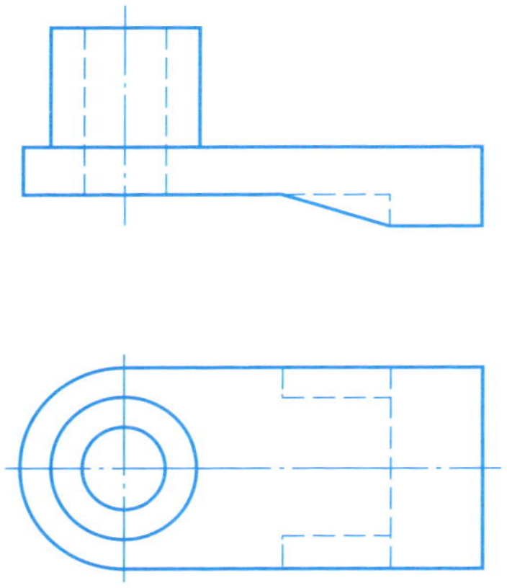

7.

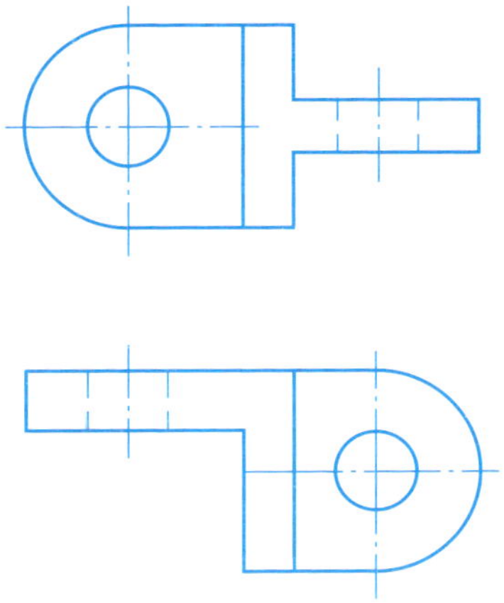

模型动画

习题22-7

作图分析

习题22-7

8.

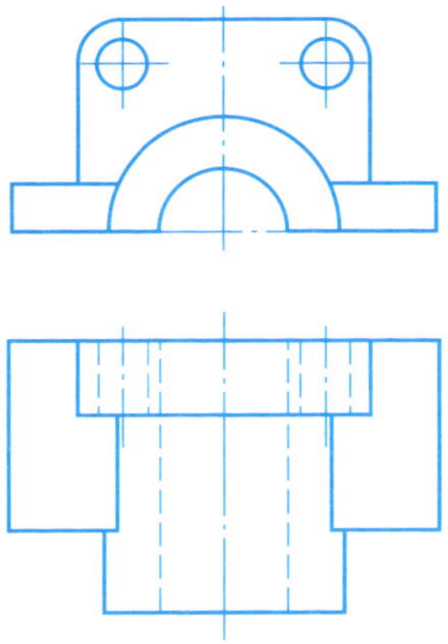

9.

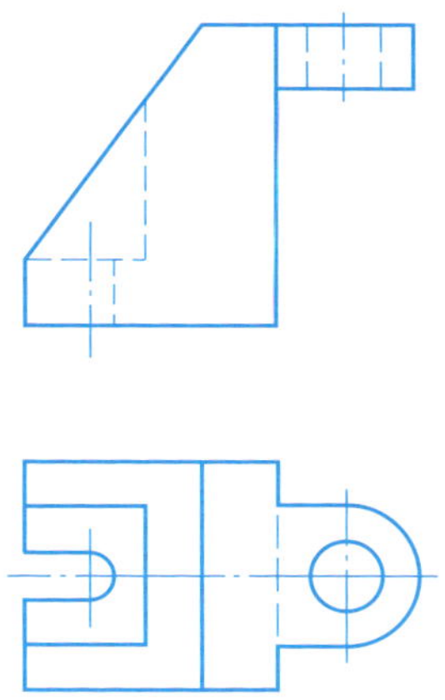

10.

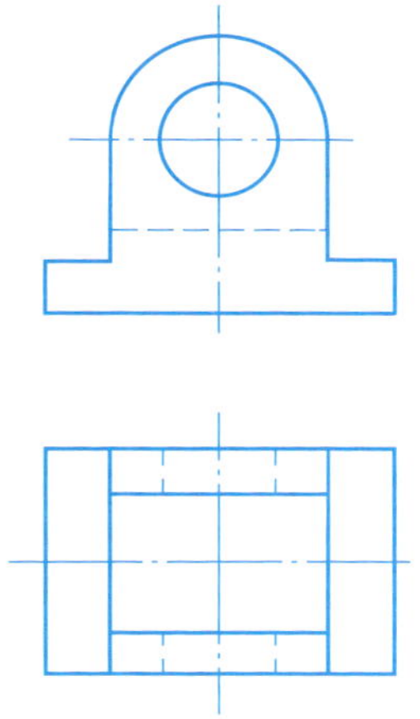

模型动画

习题22-10

作图分析

习题22-10

11.

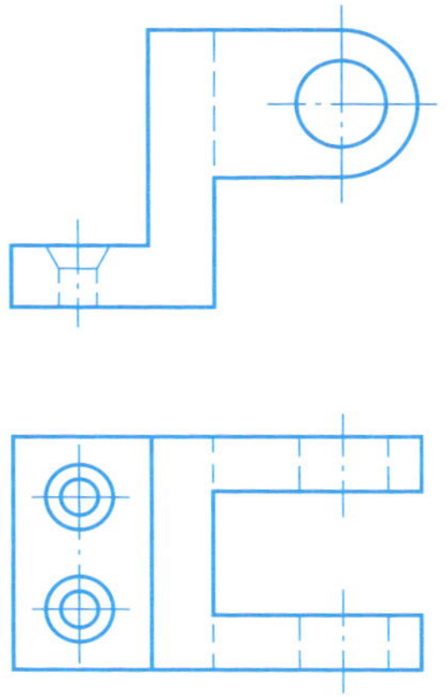

12.

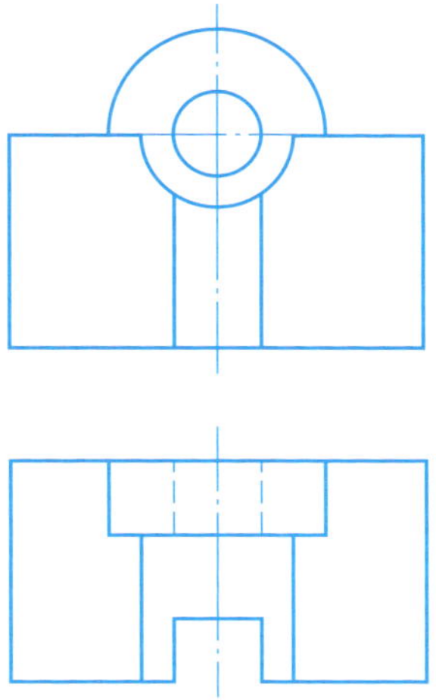

模型动画

习题22-12

习题22 读组合体的两视图并补画第三视图(续)

班级　　　　学号　　　　姓名

13.

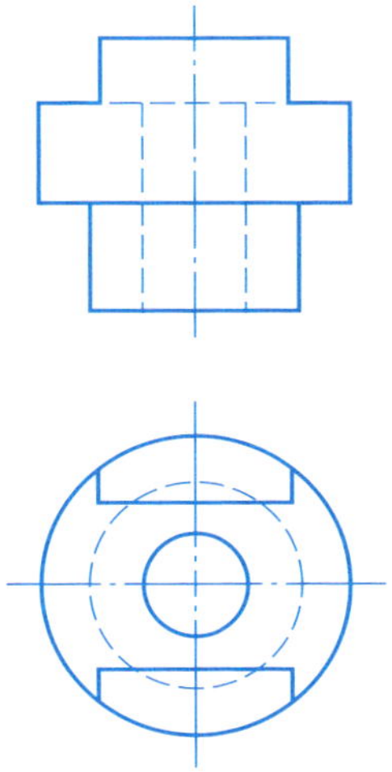

模型动画

习题22-13

作图分析

习题22-13

14.

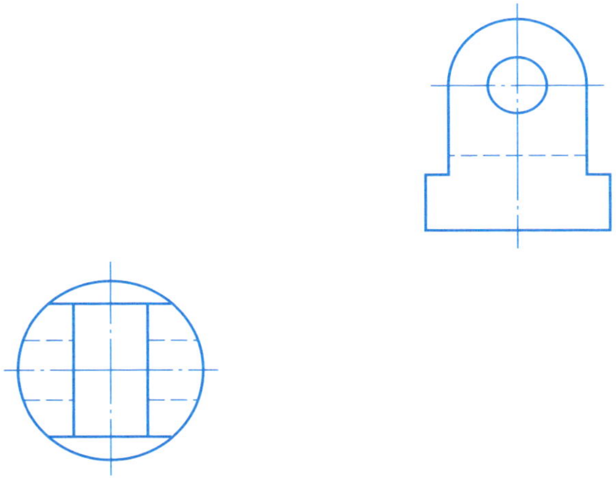

15.

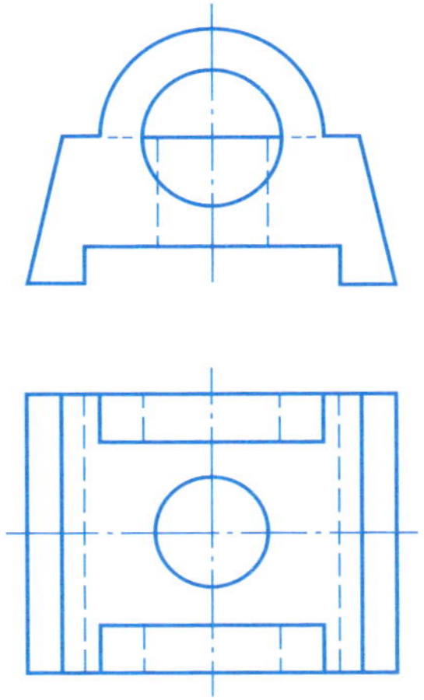

16.

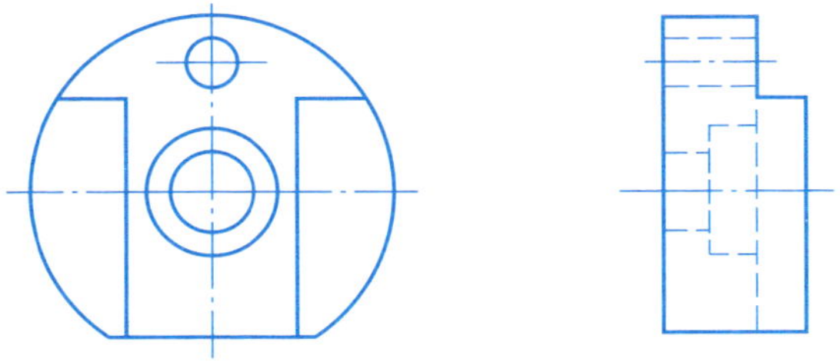

17.

模型动画

习题22-17

18.

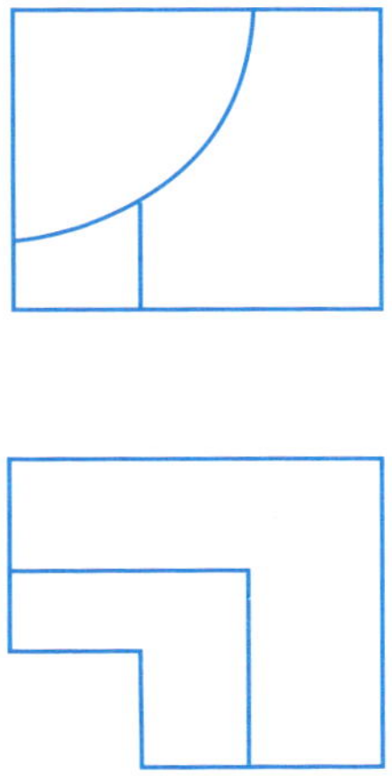

19.

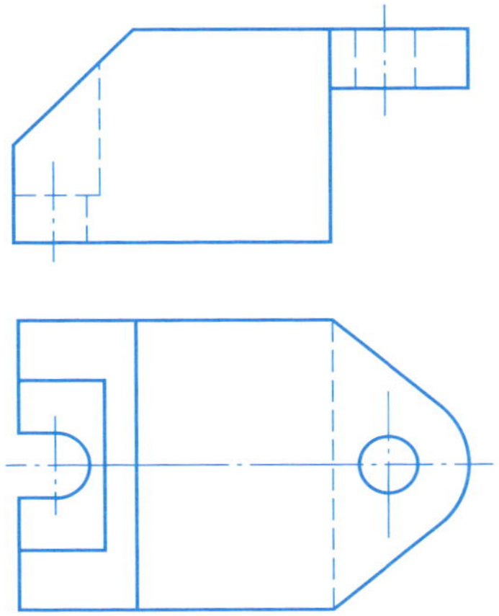

20.

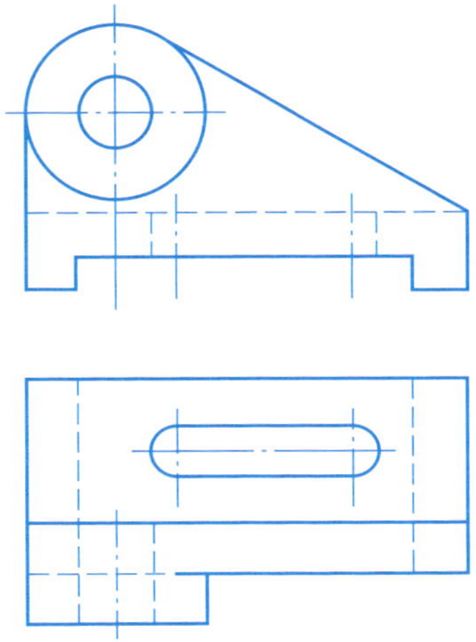

作图分析

习题22-20

习题22 读组合体的两视图并补画第三视图(续)

班级　　　学号　　　姓名

21.

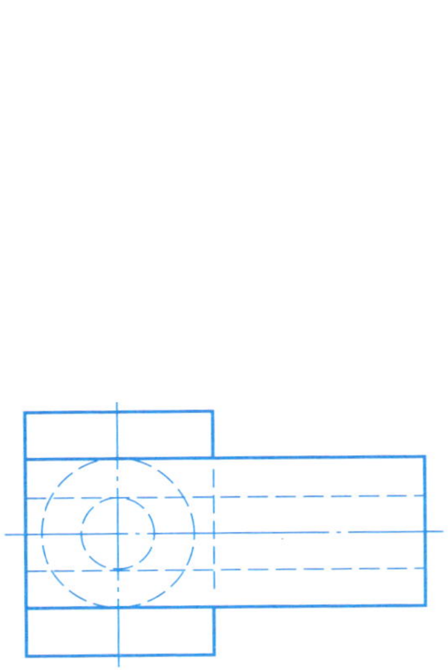

22

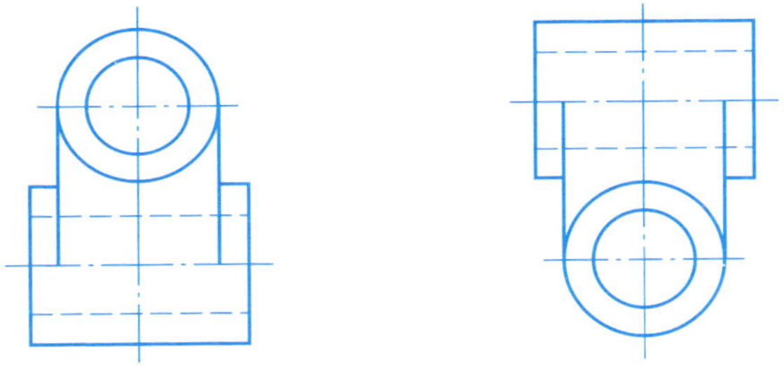

作图分析

习题22-22

23.

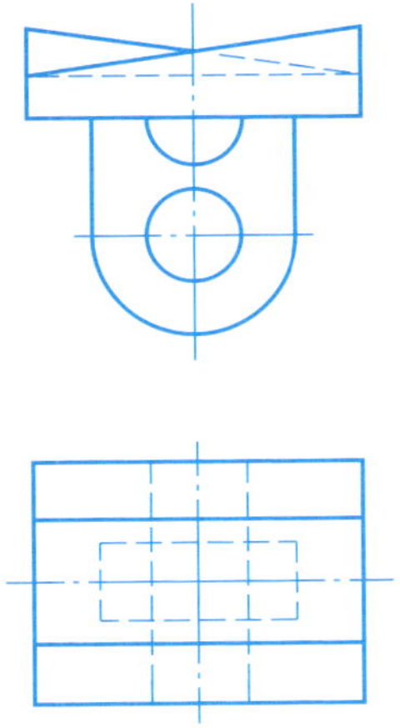

24

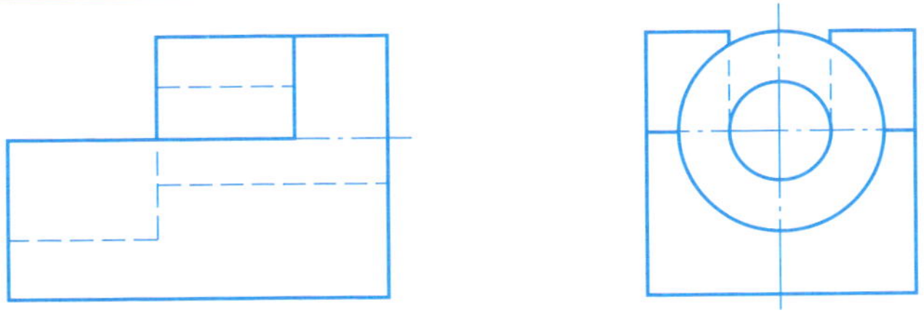

模型动画

习题22-24

习题23 由已知视图分别构思出两种不同的组合体　　班级　　学号　　姓名

1.

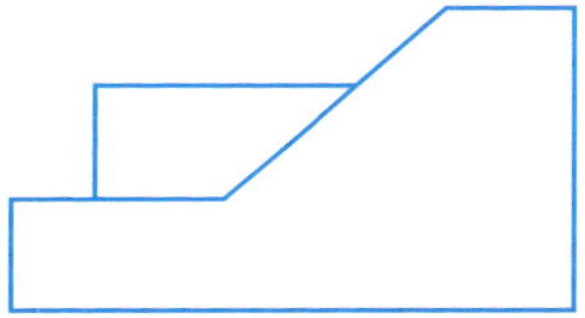

2.

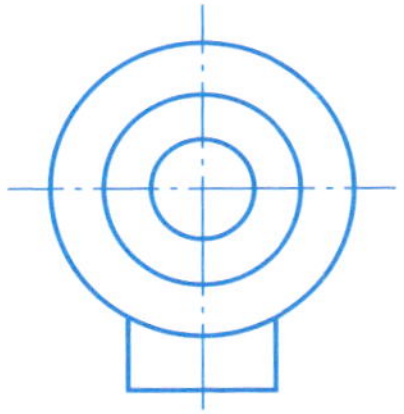

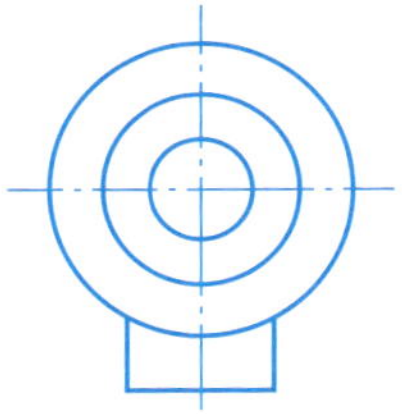

作图分析

习题23-2

习题24 标注组合体尺寸(尺寸数值从图中按1:1量出，取整数)　　班级　　学号　　姓名

1.

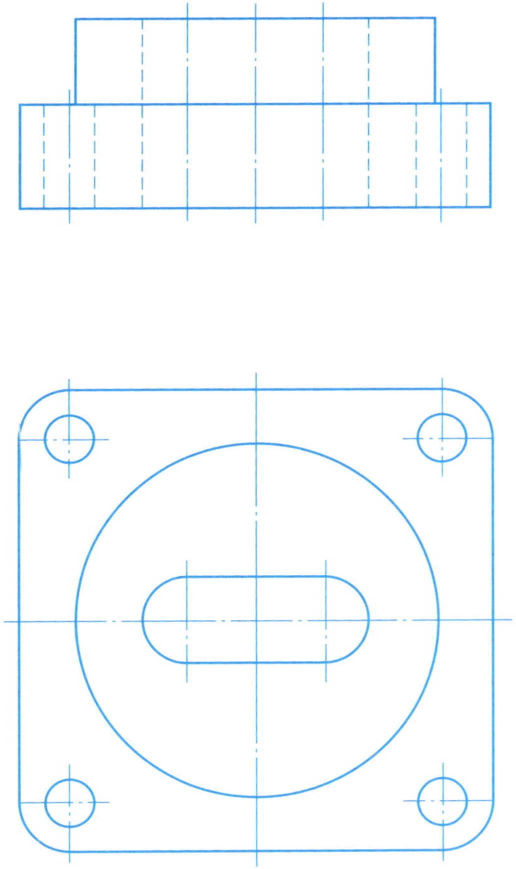

尺寸分析

习题24-1

2.

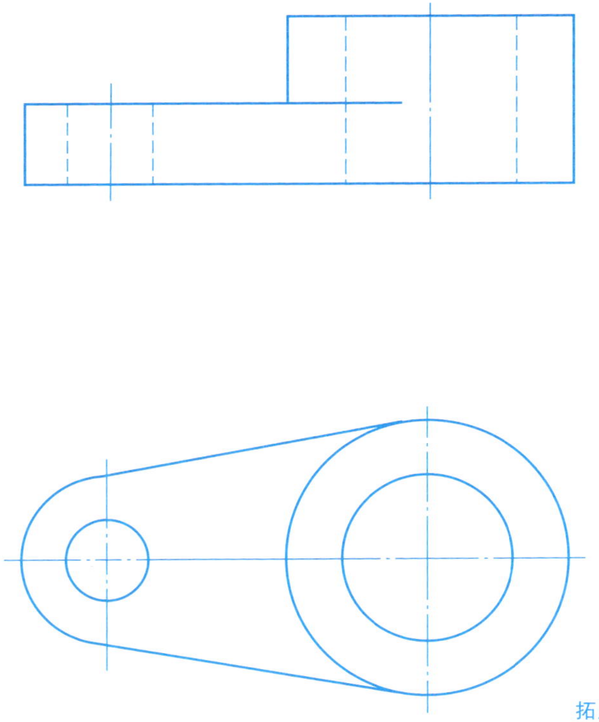

拓展阅读

尺寸的重要性

习题25 根据轴测图画组合体的三视图并标注尺寸(画在A3图纸上)　　班级　　学号　　姓名

1.

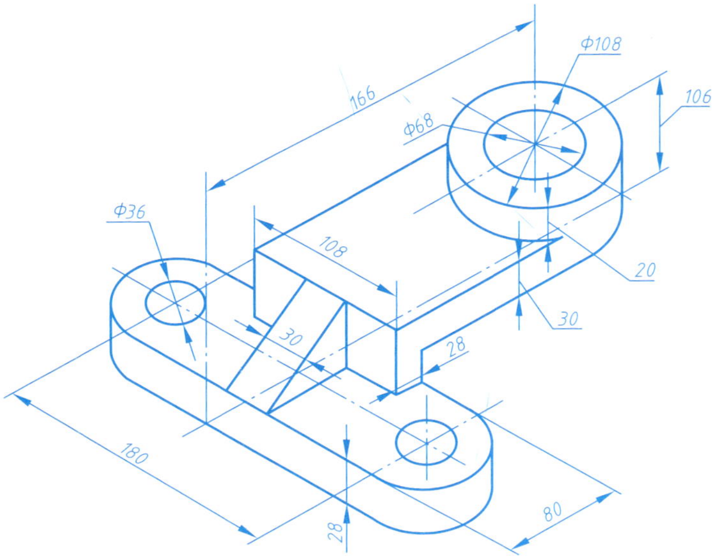

2.

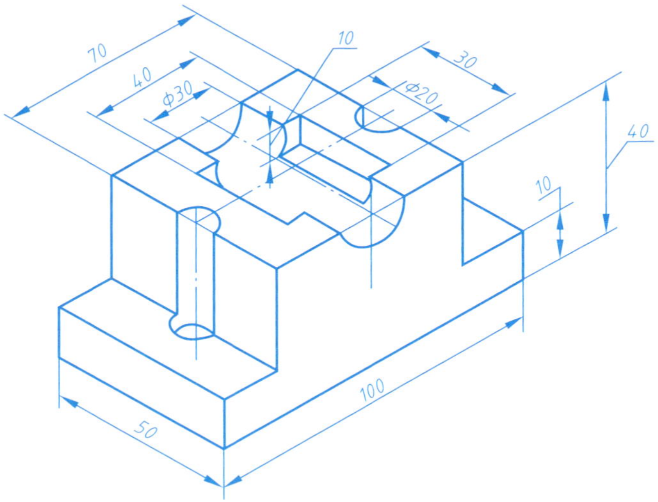

模型动画

习题25-2

拓展阅读

画组合体的绘图技巧

1. 根据机件的三视图，补全机件的其余三个基本视图。

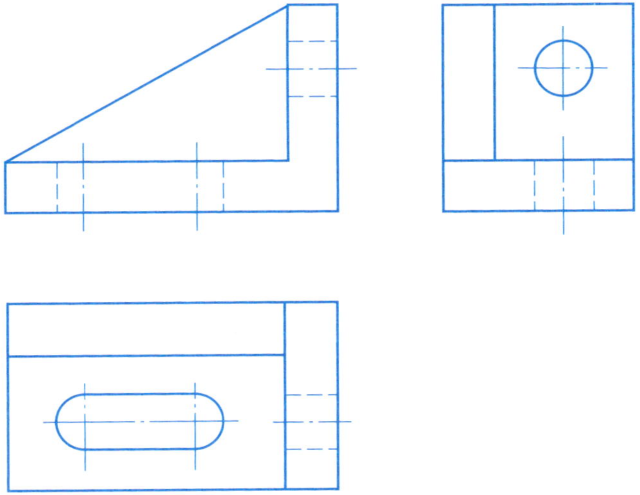

作图分析

习题26-1

2. 画出斜视图 A（右端安装板圆角半径为3 mm）。

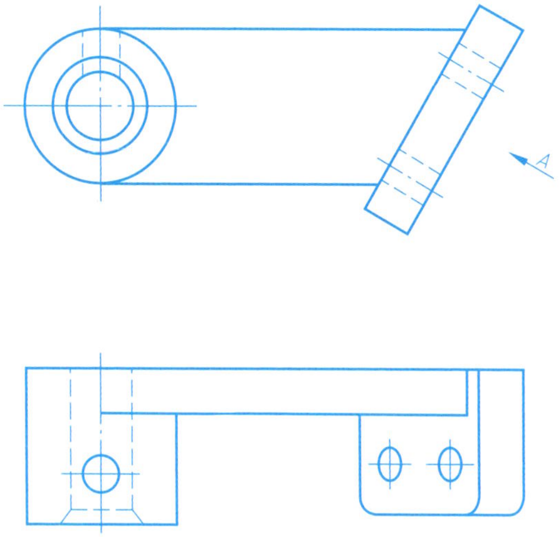

作图分析
习题26-2

3. 画出斜视图A和B向局部视图。

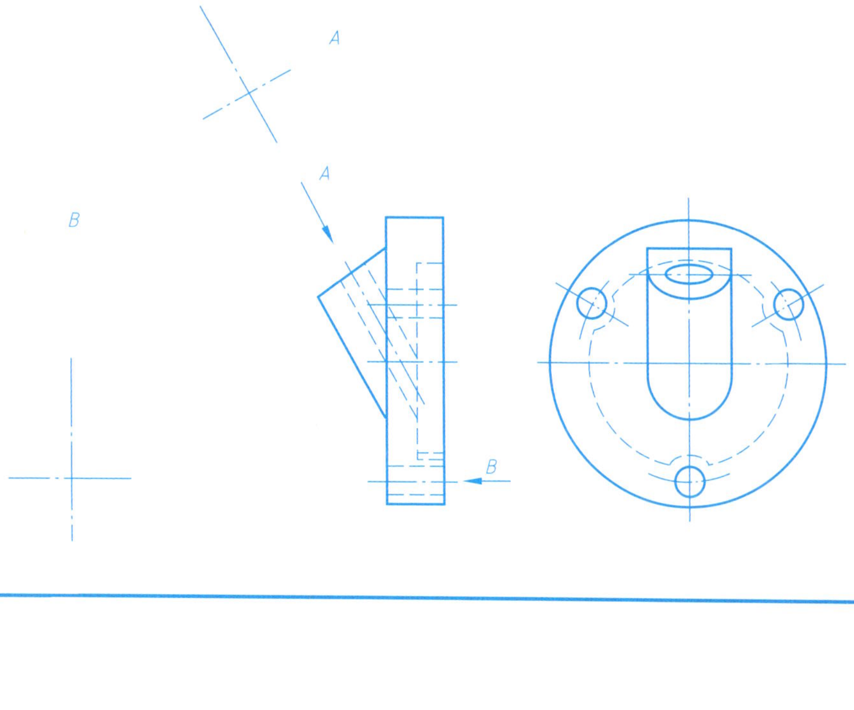

1.在指定位置将机件的主视图改画为全剖视图。

(1)

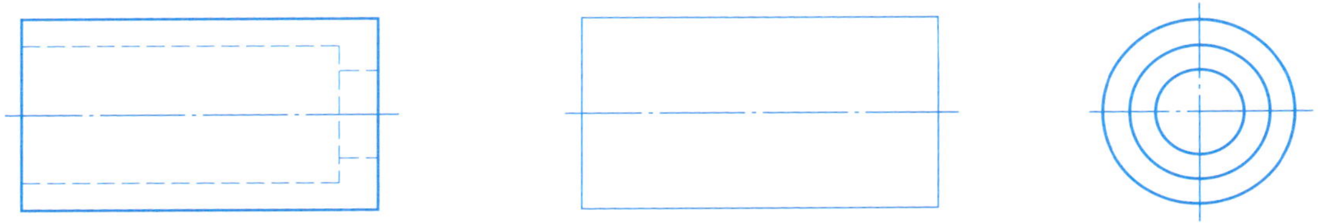

作图分析

习题27-1

(2)

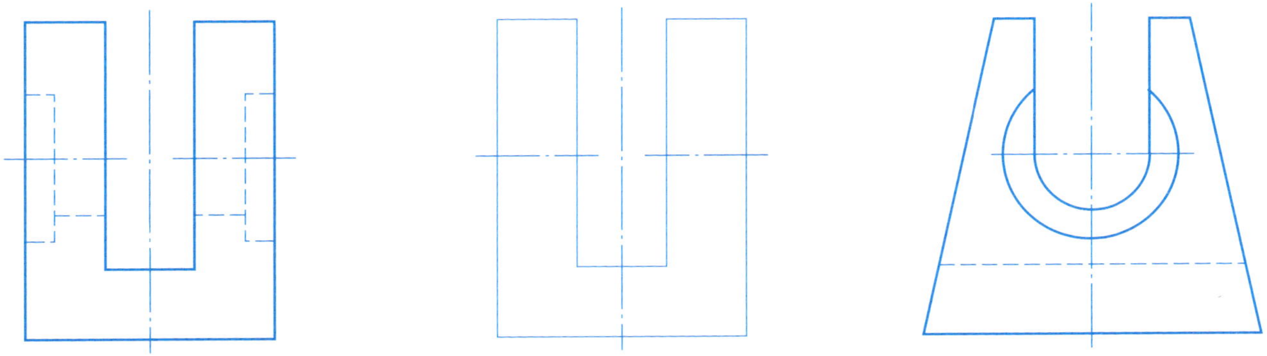

(3)

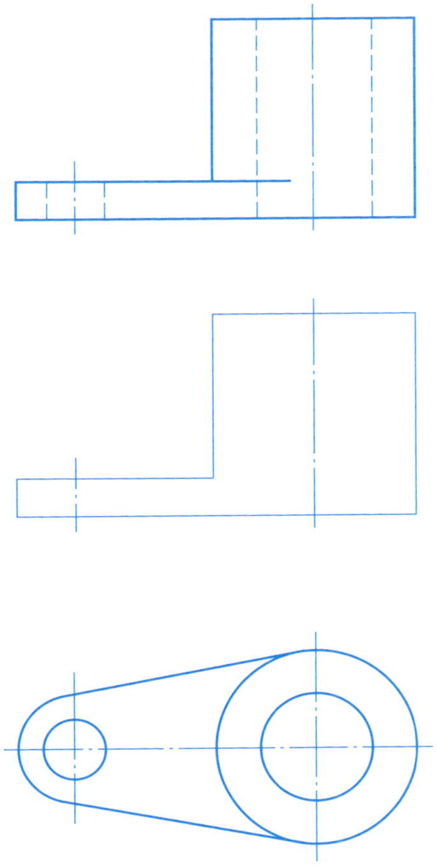

(4)

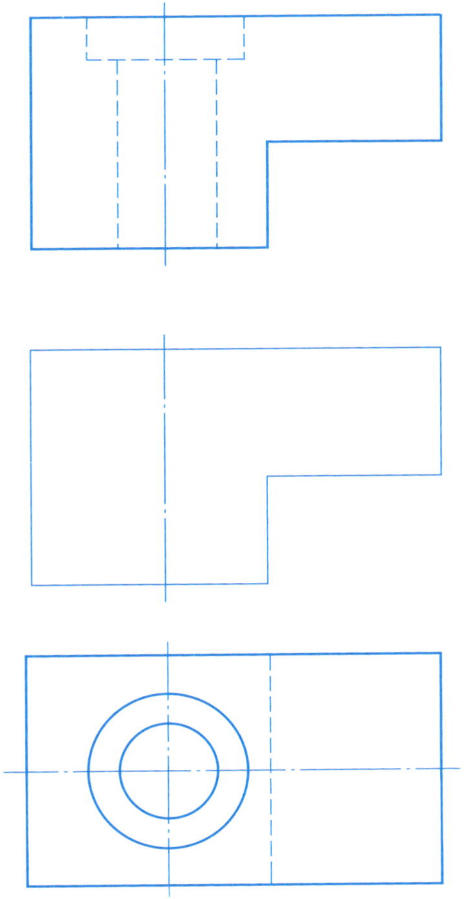

2. 分析全剖视图中的错误，并在指定位置画出正确的全剖视图。

(1)

作图分析

习题27-2

(2)

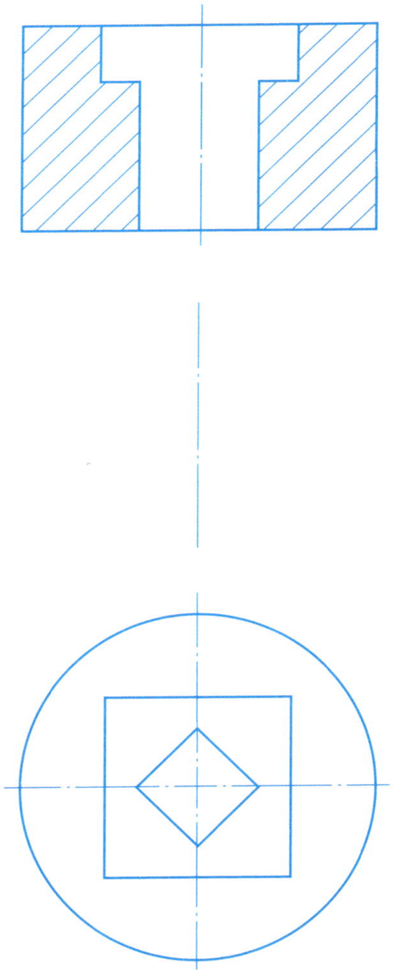

(3)

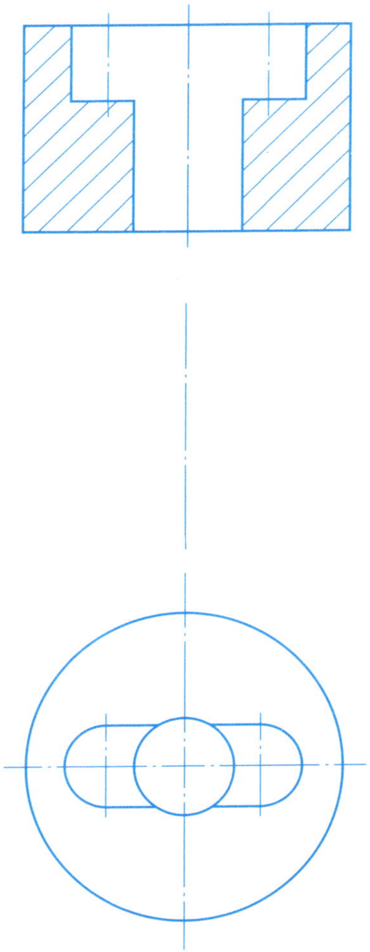

 班级 学号 姓名

(4)

(5)

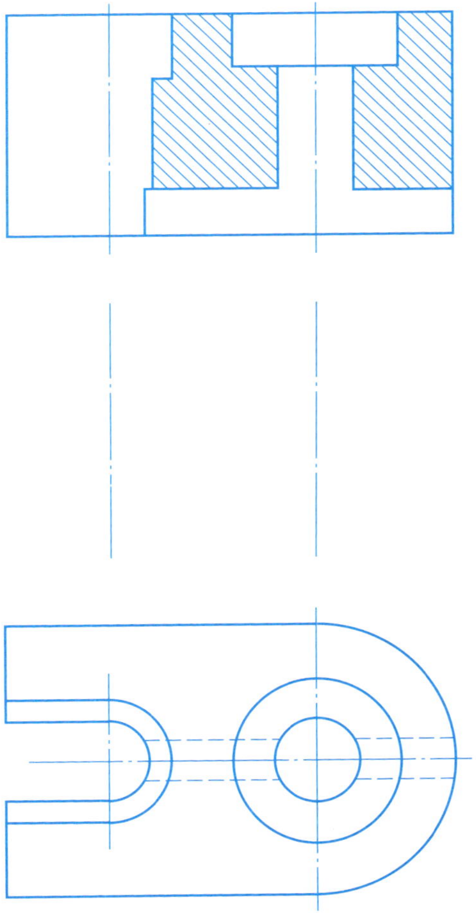

(6)

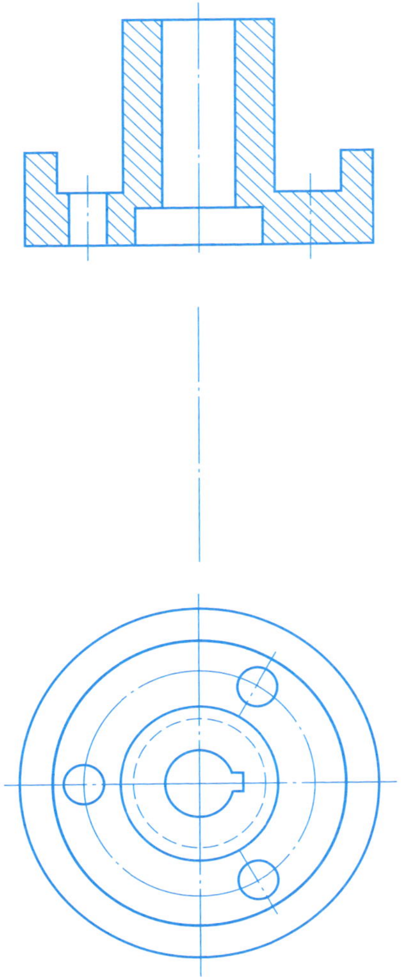

习题28 补画图线和视图

班级　　　　学号　　　　姓名

1.

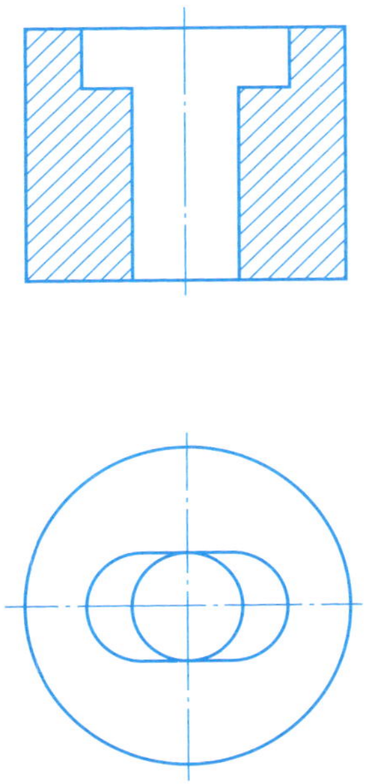

2.

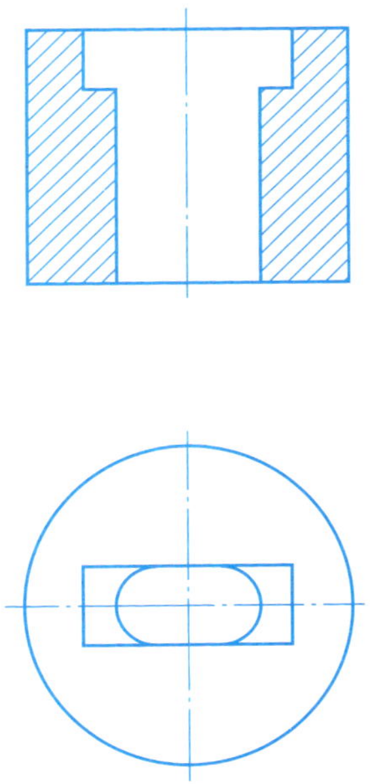

3.

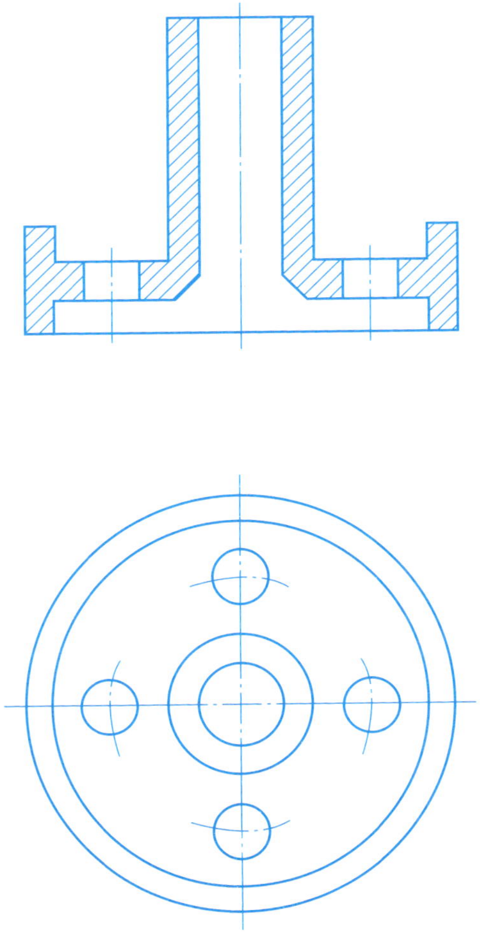

4.

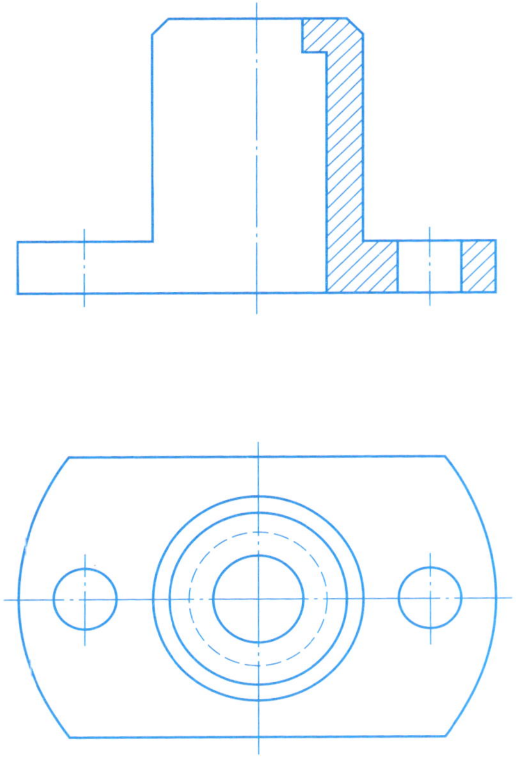

5.

作图分析

习题28-4/5

6. 画出全剖左视图(用单一剖切平面剖切)。

(1)

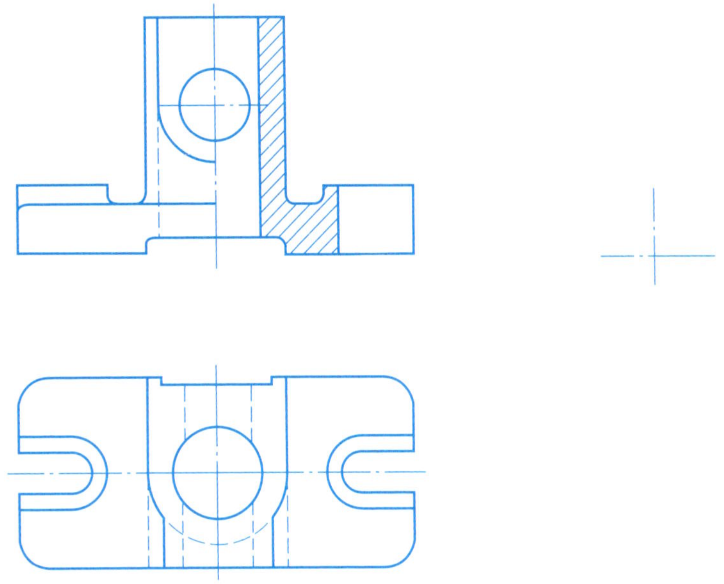

模型动画

习题28-6-1

(2)

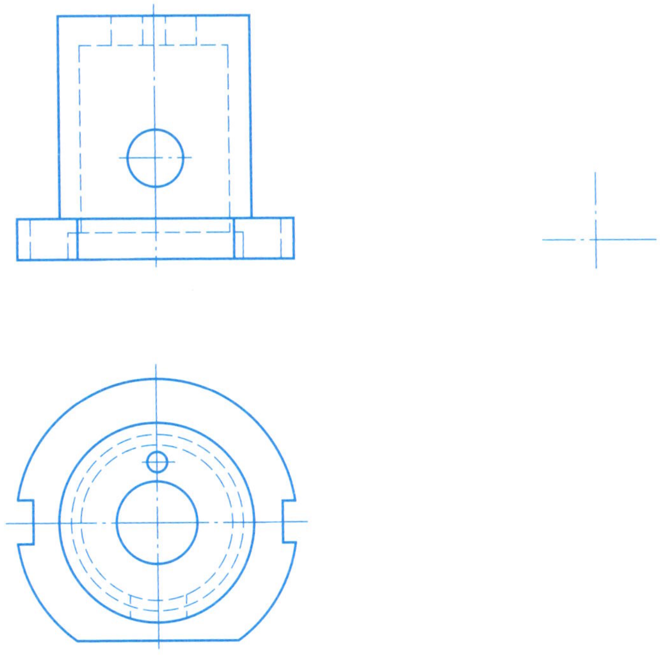

习题29 将主视图改画为剖视图

班级　　　　学号　　　　姓名

1.

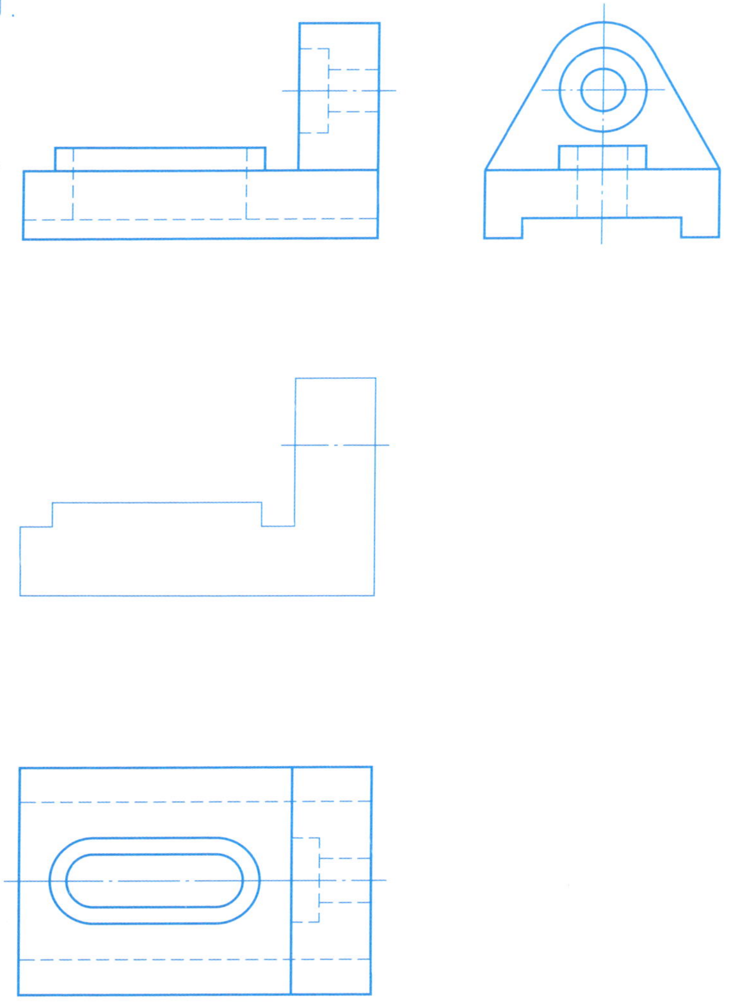

2.

作图分析

习题29-2

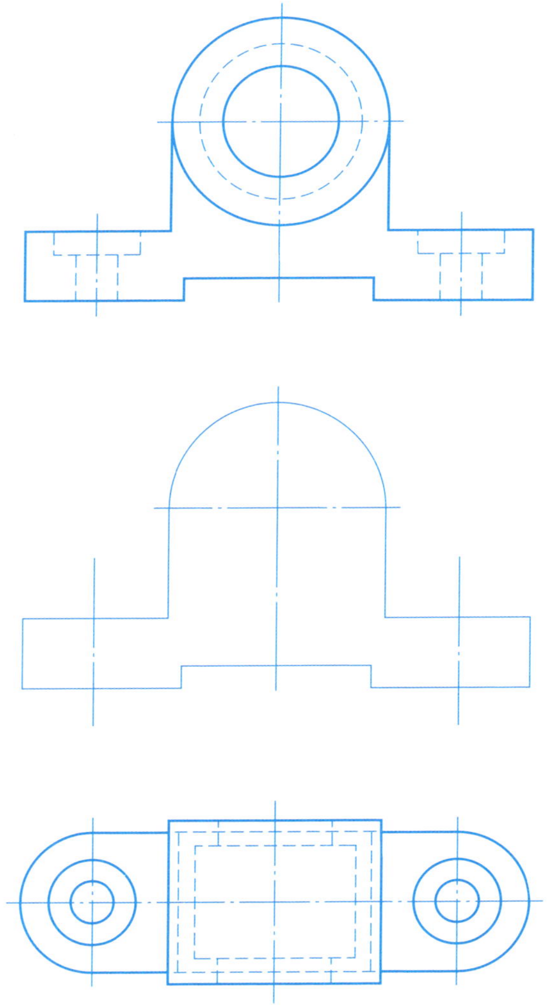

3.

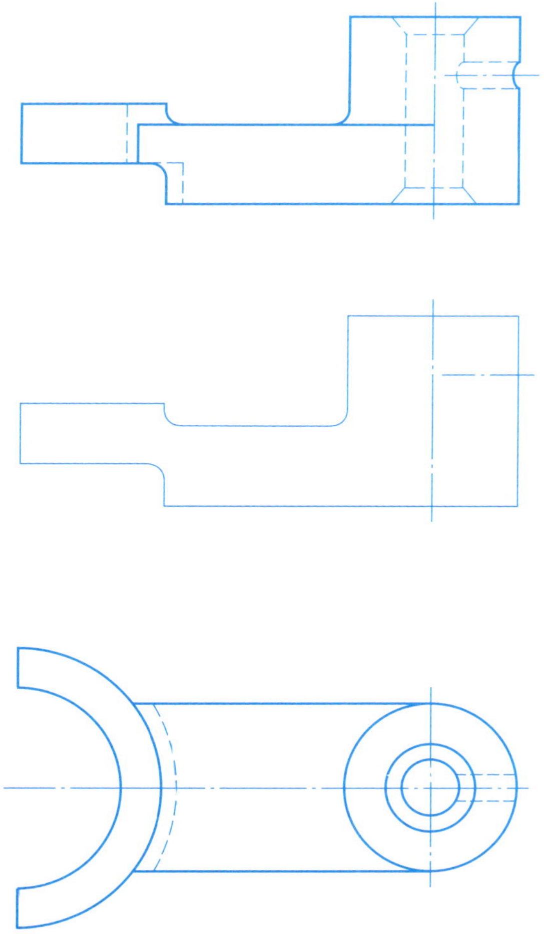

4.

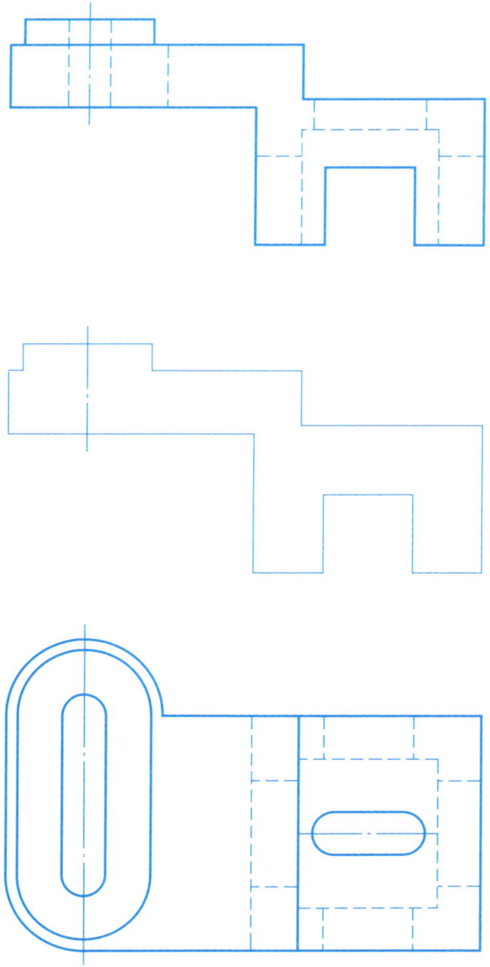

习题29 将主视图改画为剖视图(续)

班级　　学号　　姓名

5.

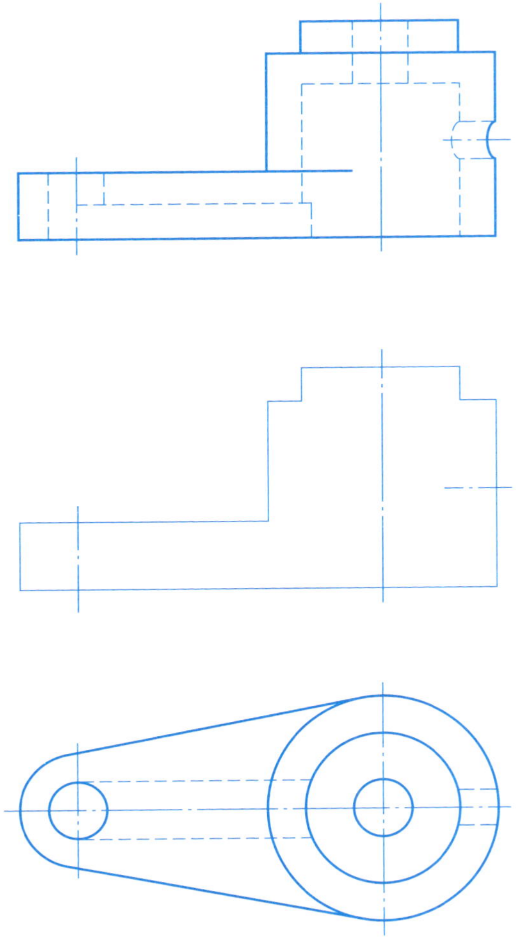

6.

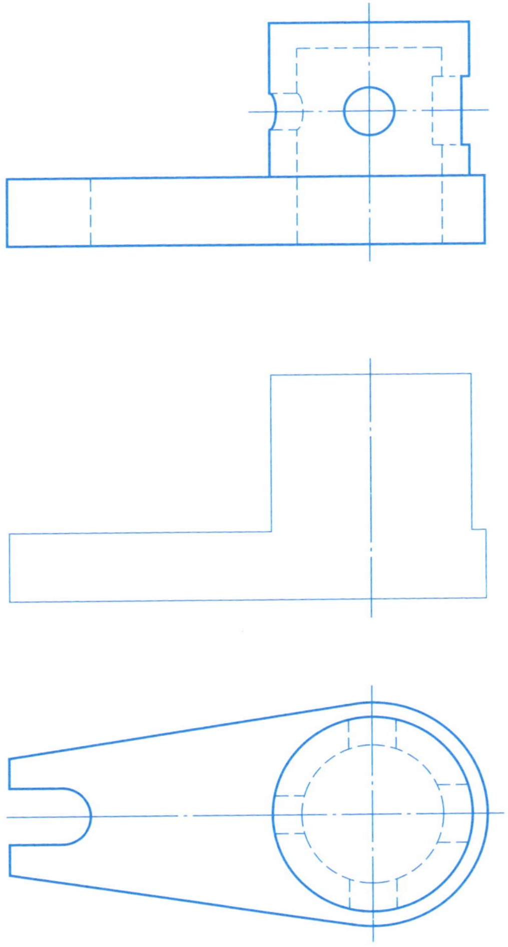

习题30 剖切方法

班级　　　　学号　　　　姓名

1. 将机件的主视图改画为合适的剖视图。

作图分析

习题30-1

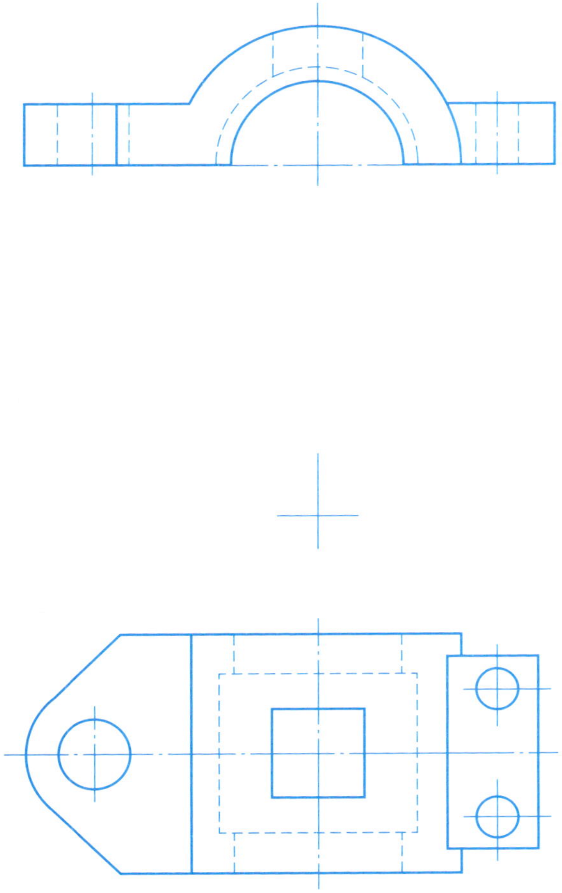

2. 画出机件的剖视图$A—A$。

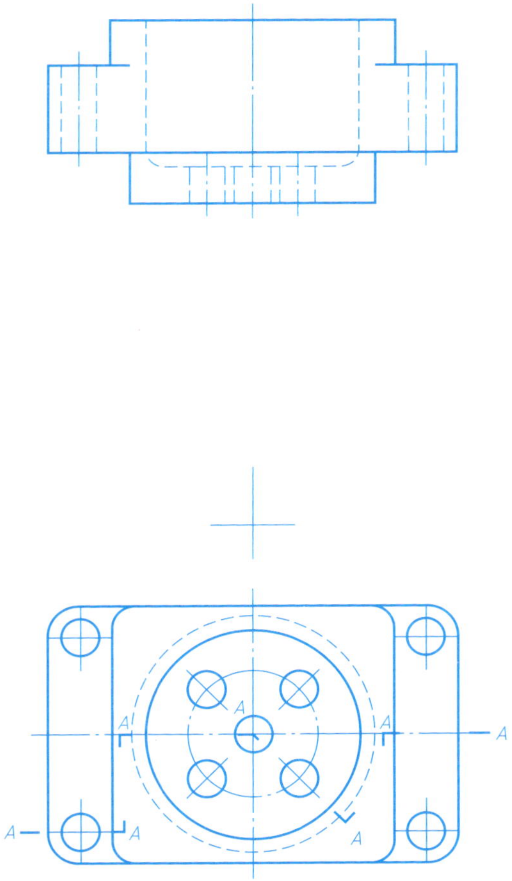

3. 采用几个平行的剖切平面剖切，将机件的主视图改画为全剖视图。

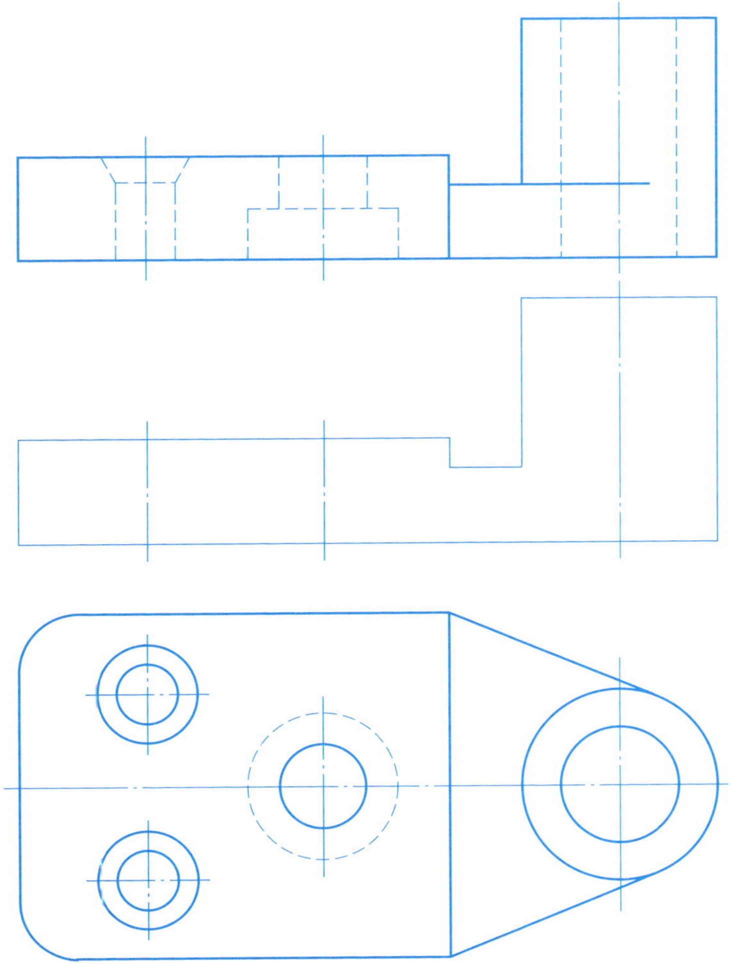

4. 将机件的俯视图改画为全剖视图。

作图分析

习题30-4

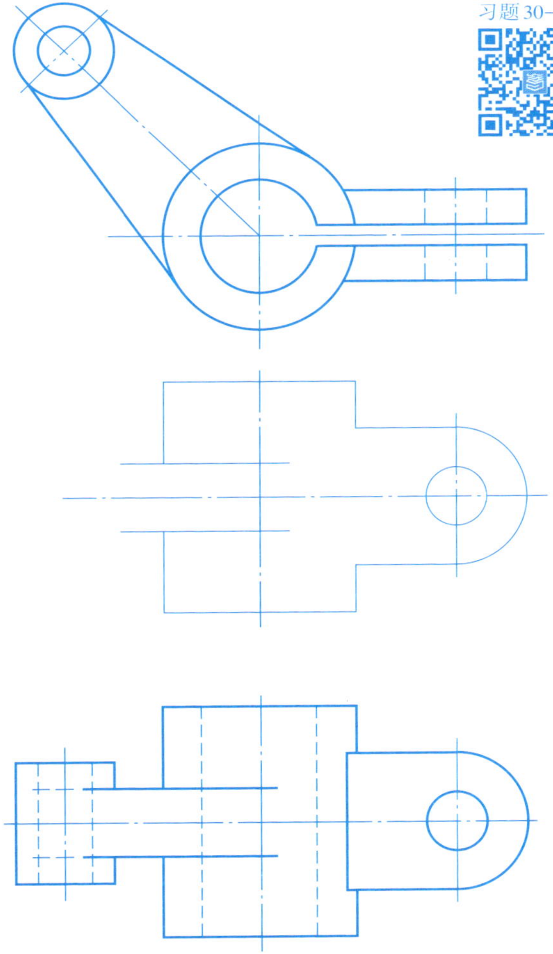

1.把主视图改画成局部剖视图。

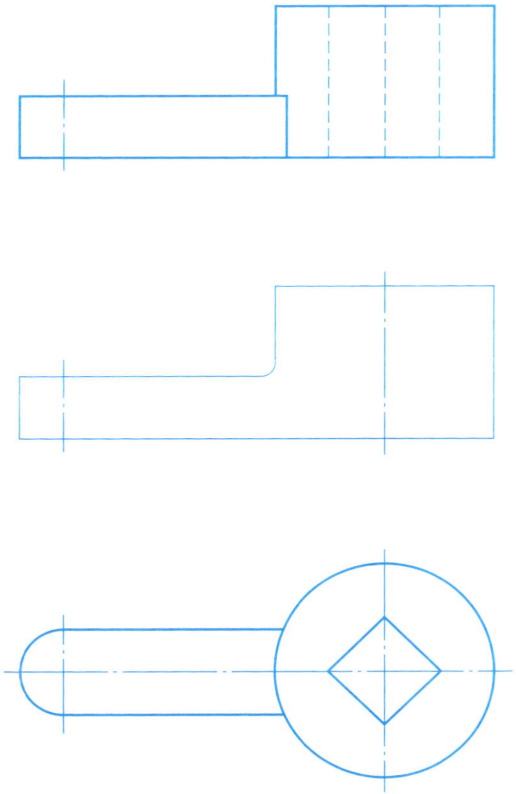

2.把主视图、俯视图改画成局部剖视图(保留线加深)。

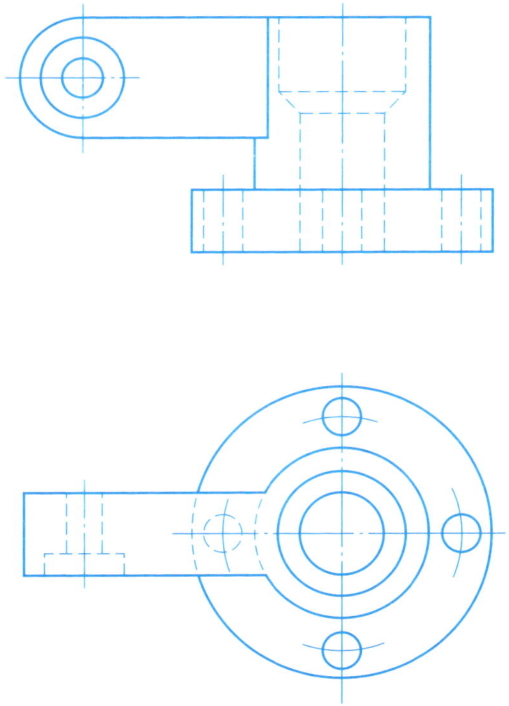

作图分析

习题31-2

1. 画出断面图 A—A 和 B—B，并改正断面图 C—C 中的错误。

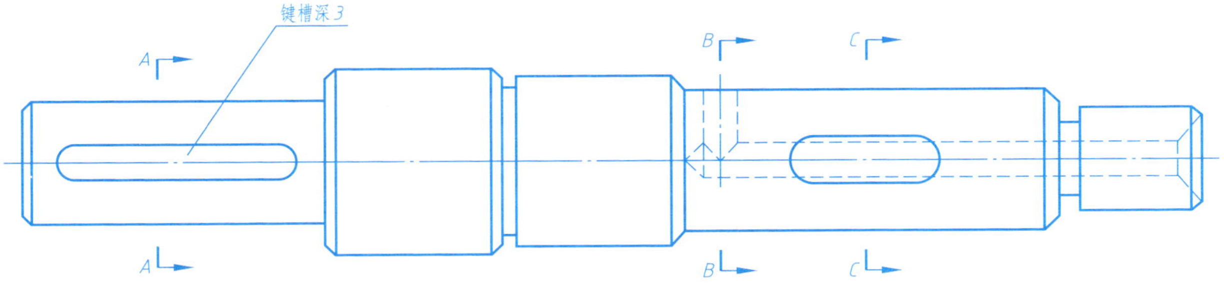

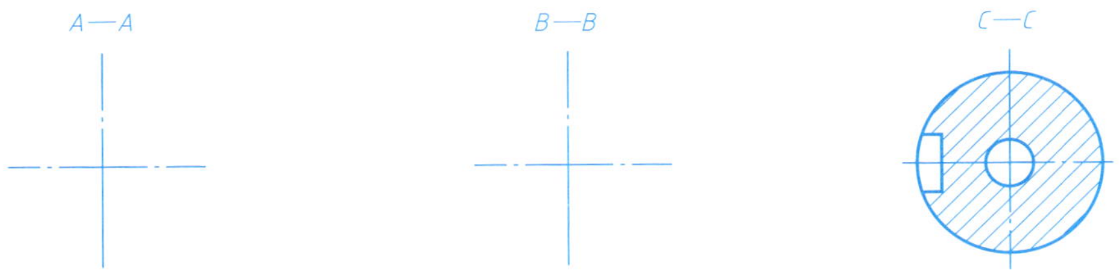

作图分析

习题32-1

2. 在指定位置画出移出断面图。

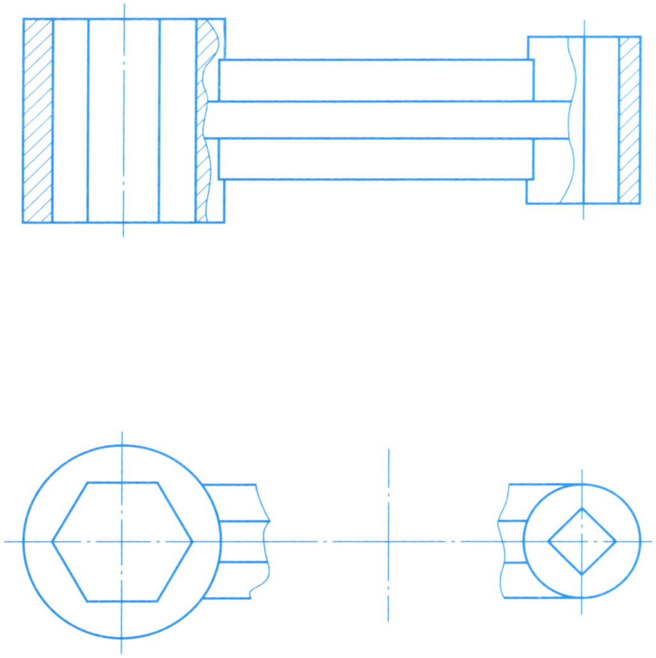

3. 按剖视的简化画法，将主视图改画成全剖视图。

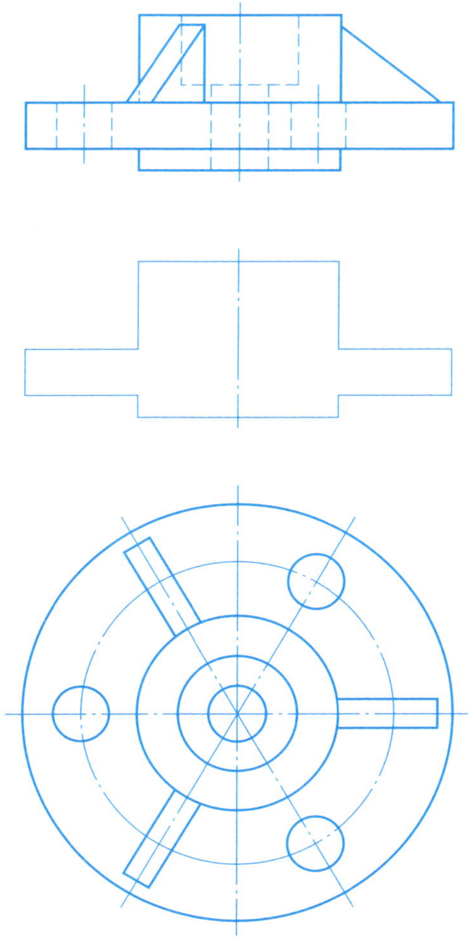

4. 改正剖视图上的错误，在指定位置画出正确的剖视图。

(1)

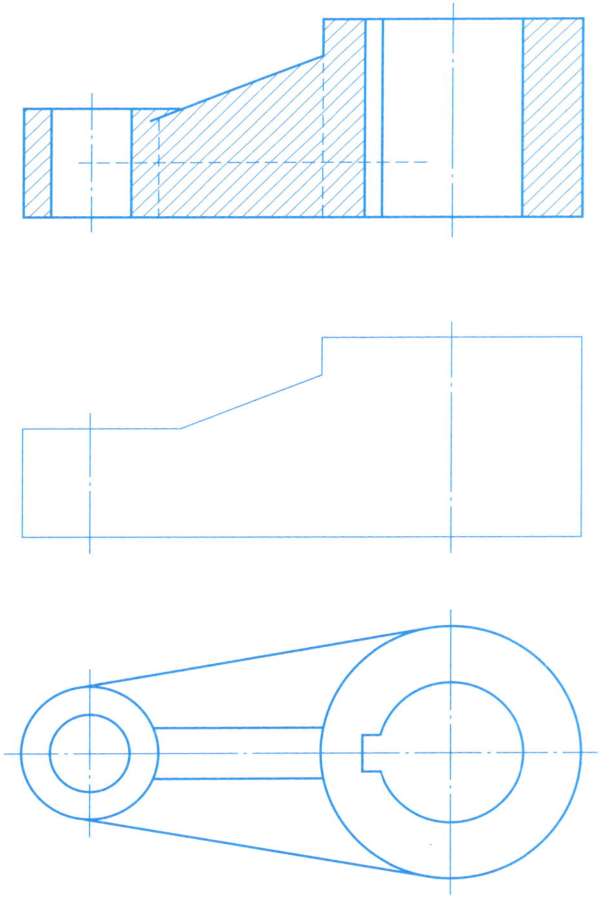

(2)

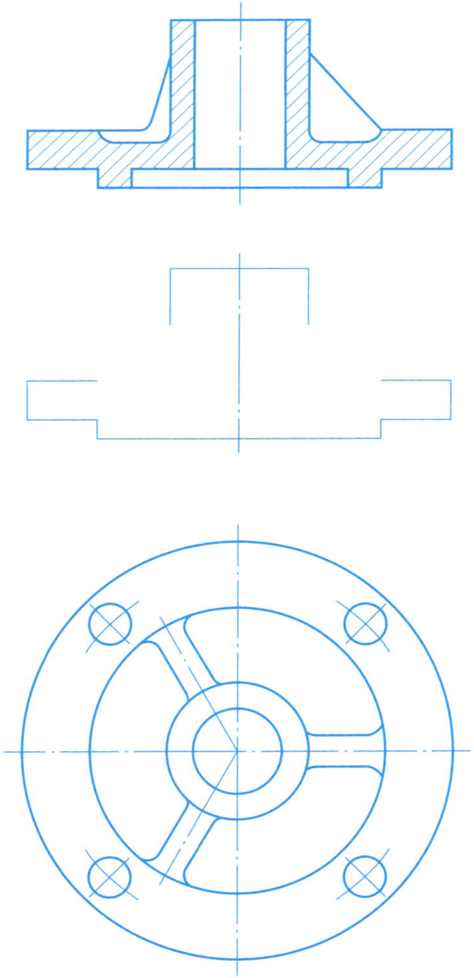

1. 由两视图补画第三视图，选择适当的剖视方法，采用1:1的比例将三视图画在A3图纸上。

(1)

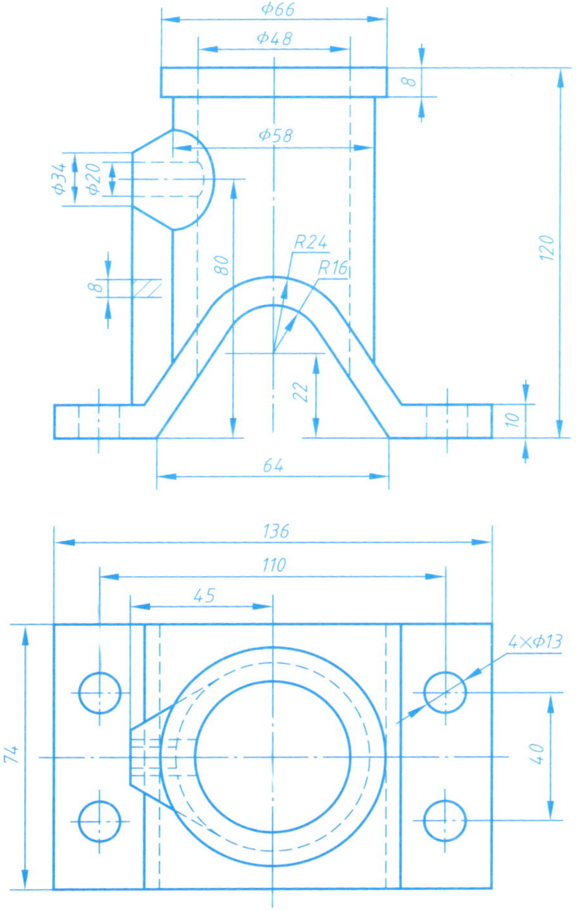

拓展阅读

选择绘图表达方法的注意事项

模型动画

习题33-1-1

作图分析

习题33-1-1

(2)

模型动画

习题33-1-2

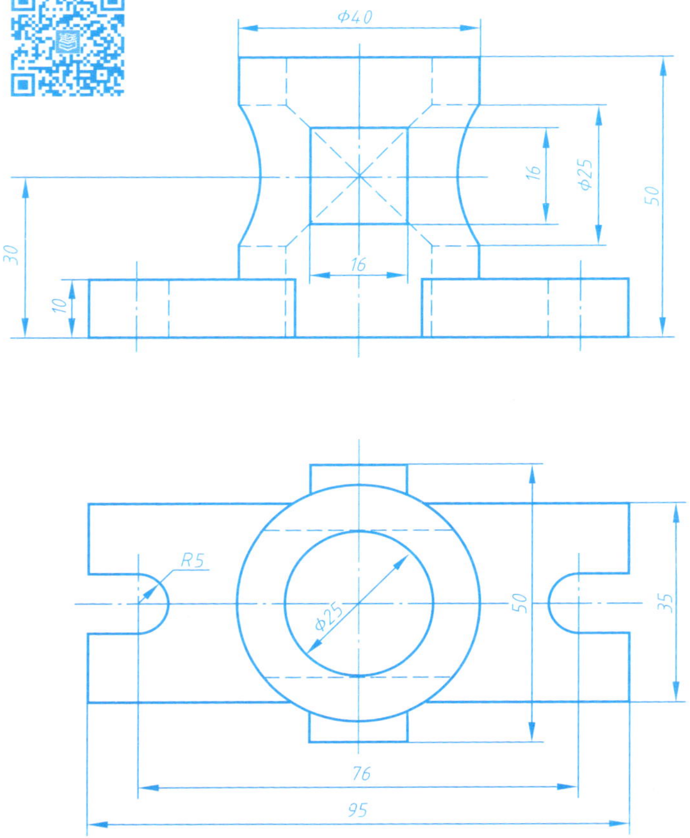

2. 将主、俯视图分别改用全剖视和半剖视表达，采用适当的剖切方法补画左视图，并标注尺寸(尺寸数值从图中量取整数，按1:1的比例画在A3图纸上)。

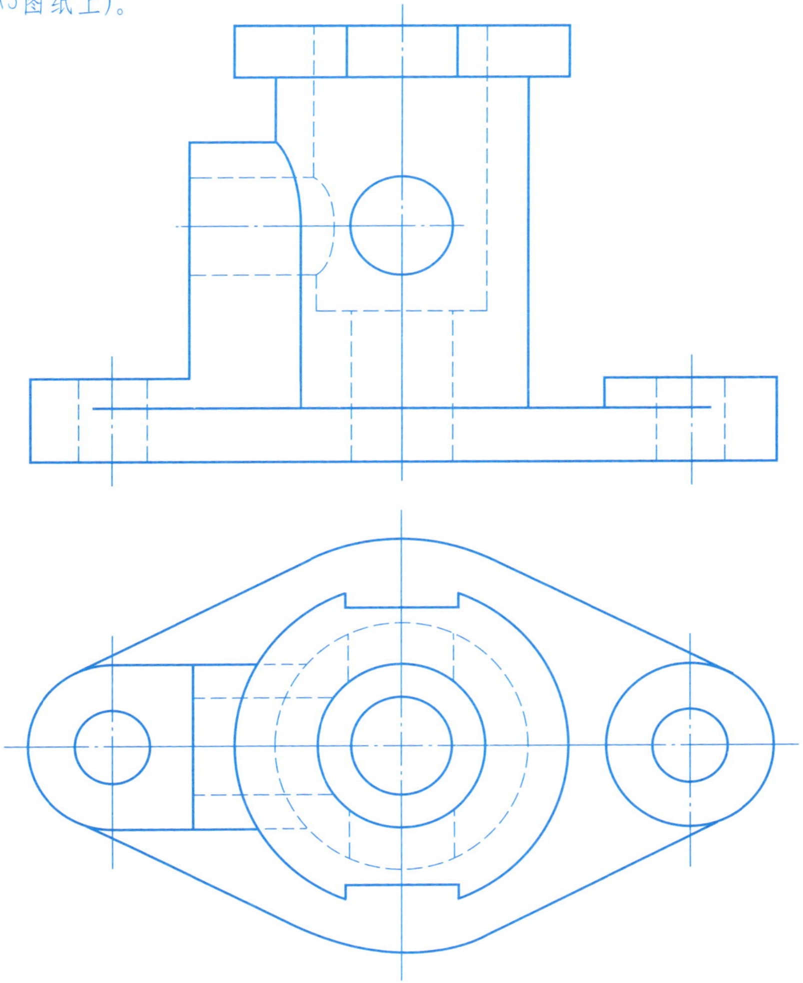

1. 分析下列画法中的错误，将正确画法画在指定位置。

(1)

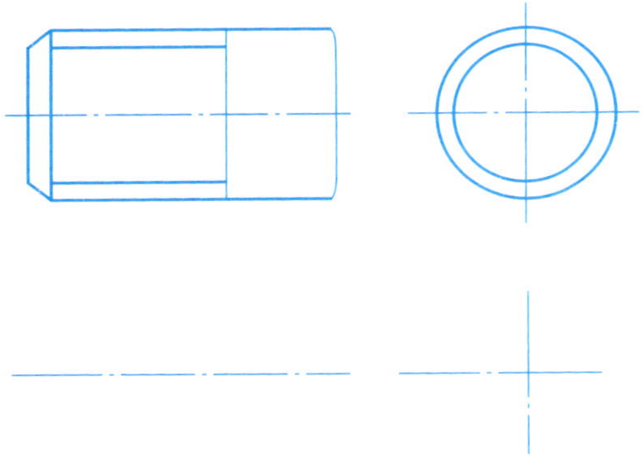

(2)

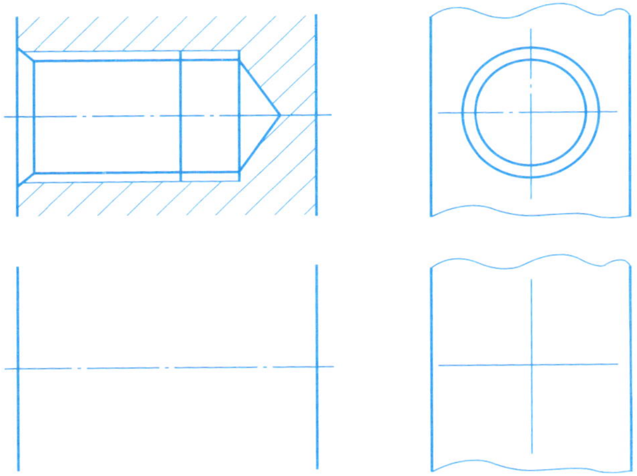

(3)

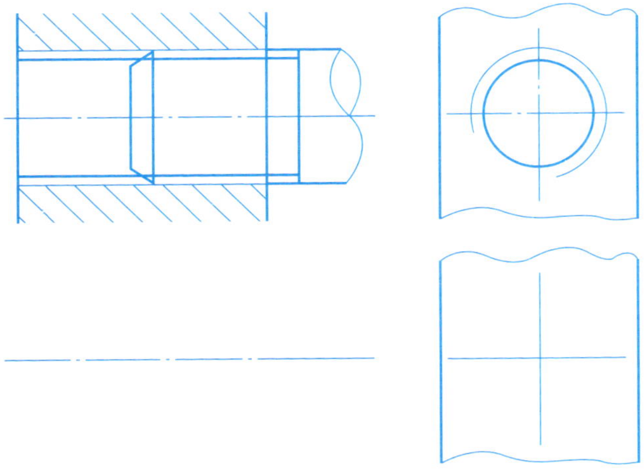

(4)

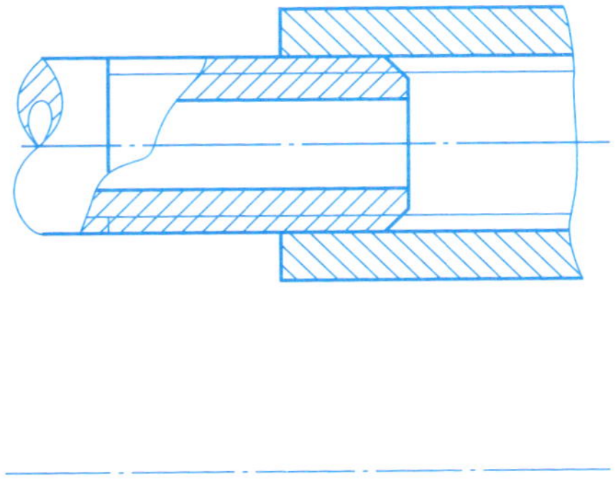

2. 根据给定的螺纹要素，标注螺纹的规定标记。

(1) 粗牙普通螺纹，公称直径24mm，螺距3mm，单线，左旋，公差带代号7h6h。

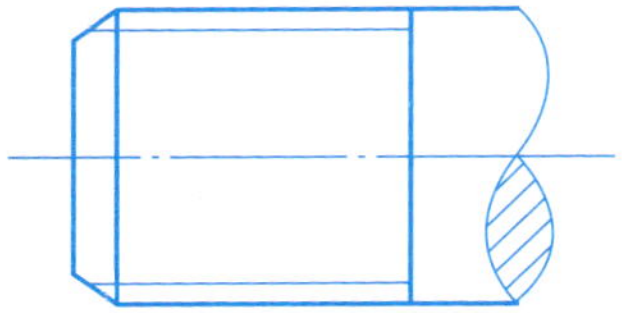

(2) 细牙普通螺纹，公称直径20mm，螺距1.5mm，左旋，公差带代号7H。

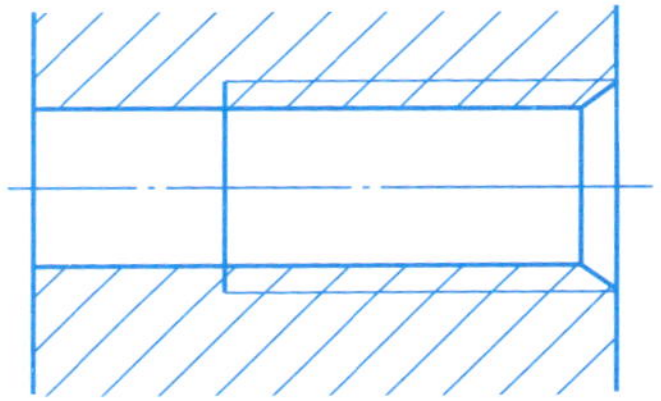

(3) 细牙普通螺纹，公称直径30mm，螺距1.5mm，右旋，公差带代号5g6g，短旋合长度组。

(4) 梯形螺纹，公称直径32mm，螺距6mm，双线，左旋，公差带代号7e。

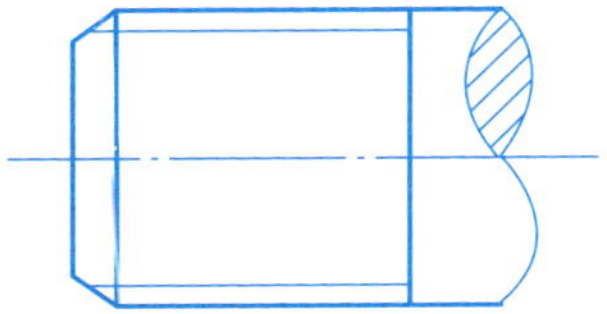

(5) 非密封管螺纹，尺寸代号7/8，公差等级A级，右旋。

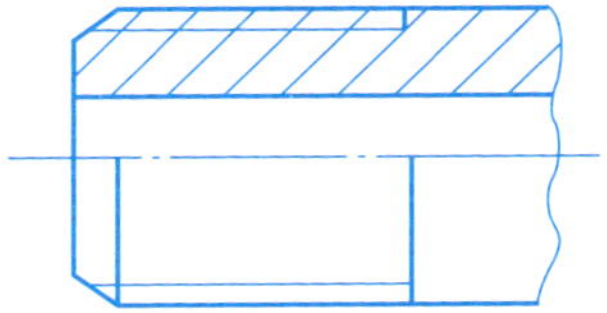

(6) 密封圆锥管螺纹，尺寸代号1/2，右旋。

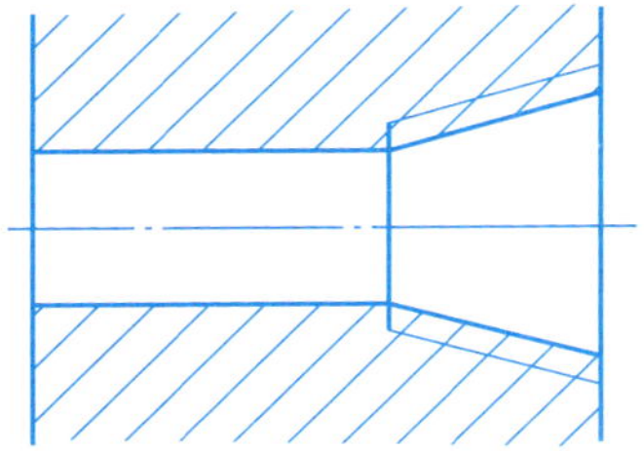

3. 根据螺纹的标记，查阅有关标准填空。

(1)

螺纹为 ____________ 螺纹；
公称直径 ____________ mm；
螺距 ____________ mm；
线数 ____________；
旋向 ____________；
螺纹公差带 ____________。

(2)

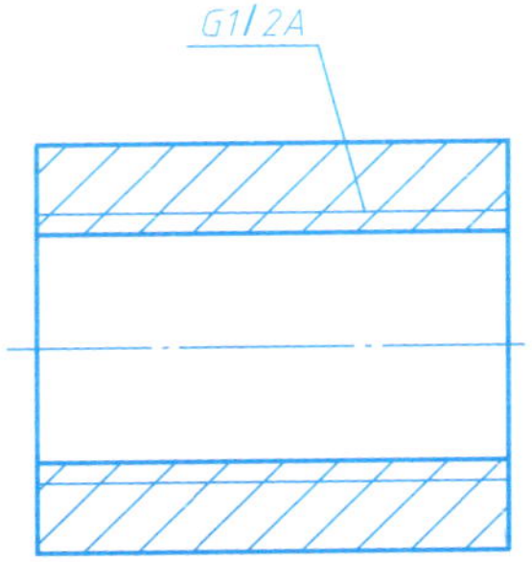

螺纹为 ____________ 螺纹；
大径 ____________ mm；
小径 ____________ mm；
螺距 ____________ mm；
旋向 ____________；
公差等级 ____________ 级。

作图分析

习题34-4

4. 找出螺栓和螺钉连接中的错误，并在指定位置画出正确图形。

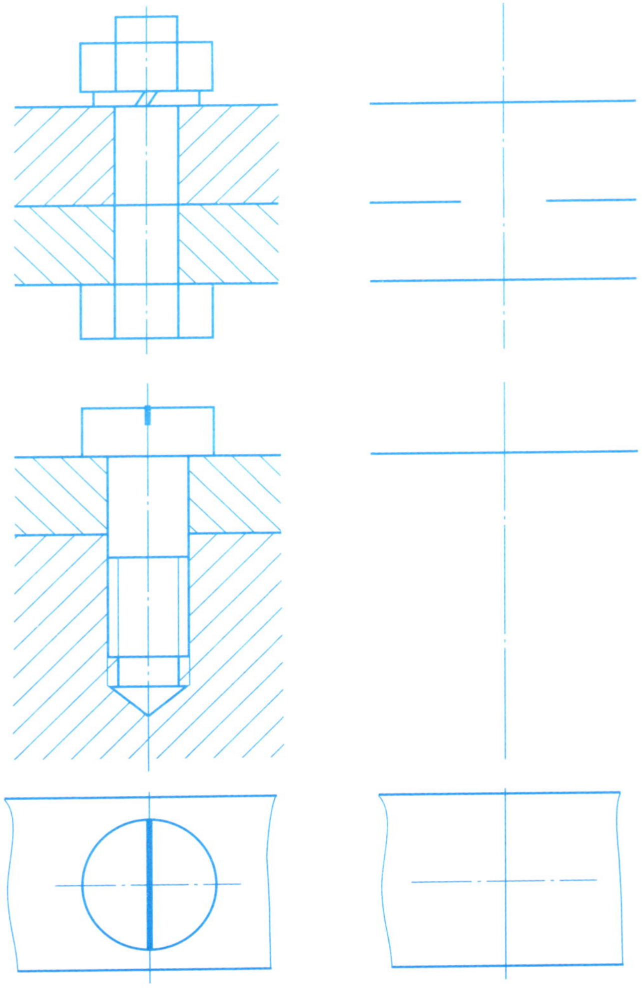

5. 螺纹紧固件连接图。

(1) 已知螺栓 GB/T 5782 M20×50，螺母 GB/T 6170 M20，垫圈 GB/T 97.1 20，画出螺栓连接的三视图(比例为1:1)。

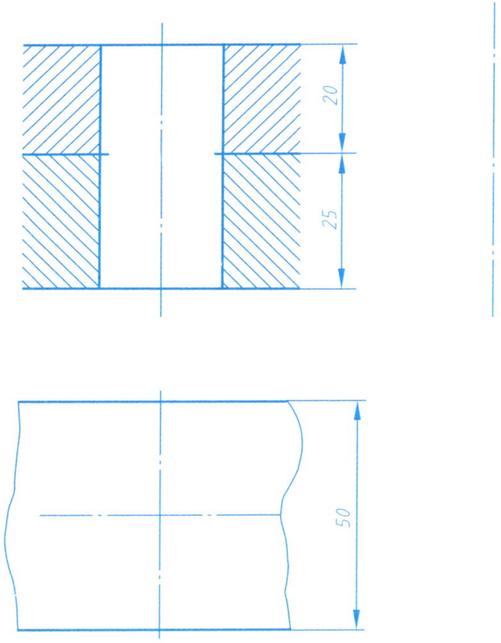

(2) 已知双头螺柱 GB/T 898 M16×50，螺母 GB/T 6170 M16，垫圈 GB/T 97.1 16，画出螺柱连接的主、俯视图(比例为1:1)。

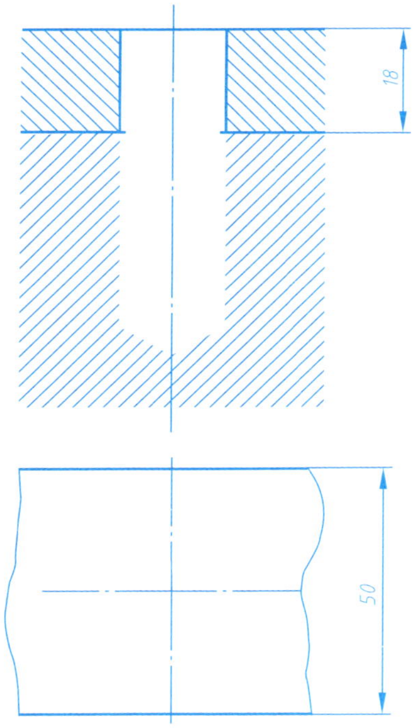

已知齿轮和轴之间采用A型普通平键连接，轴的直径为28mm，键的长度为40mm。写出键的规定标记。查表确定键和键槽的尺寸，画全下列各图，并注出轴径和键槽的尺寸(比例1:2)。

(1) 轴

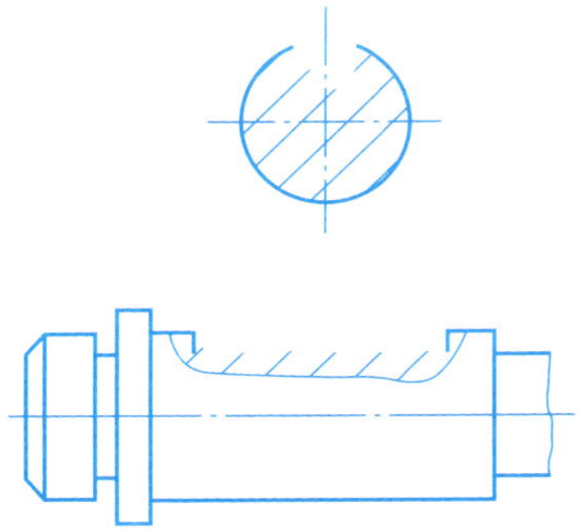

(2) 齿轮

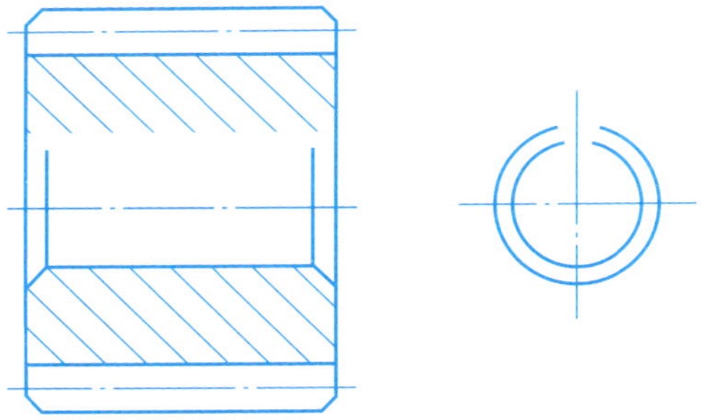

(3) 齿轮和轴的键连接

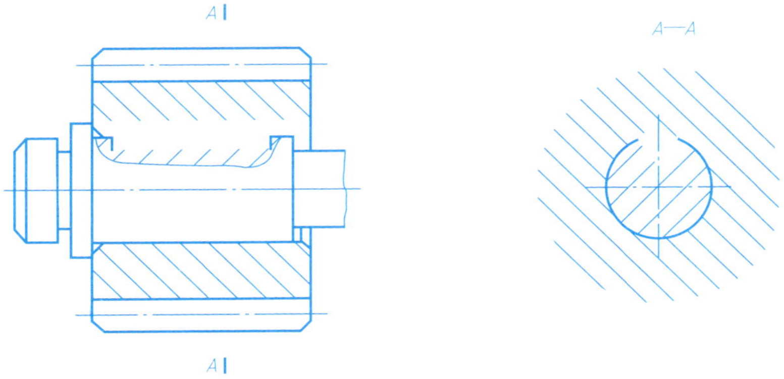

键的规定标记：

作图分析

习题35

习题36 滚动轴承和弹簧的画法

班级　　　　学号　　　　姓名

1. 用简化画法画出6206轴承(右端面紧靠轴肩)。

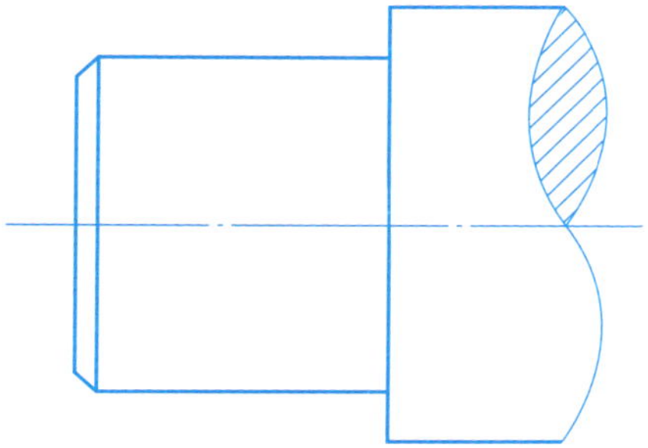

2. 已知螺旋压缩弹簧的线径 d=4 mm，弹簧中径 D_2=25 mm，节距 t=11.1 mm，有效圈数 n=5，支承圈 n_0=2.5，右旋，画出弹簧的剖视图。

作图分析

习题36-2

1. 已知直齿圆柱齿轮的模数 $m=5\text{mm}$，齿数 $z=40$，试计算该齿轮的 d、d_a、d_f，用1:2的比例完成两视图，并标注尺寸。

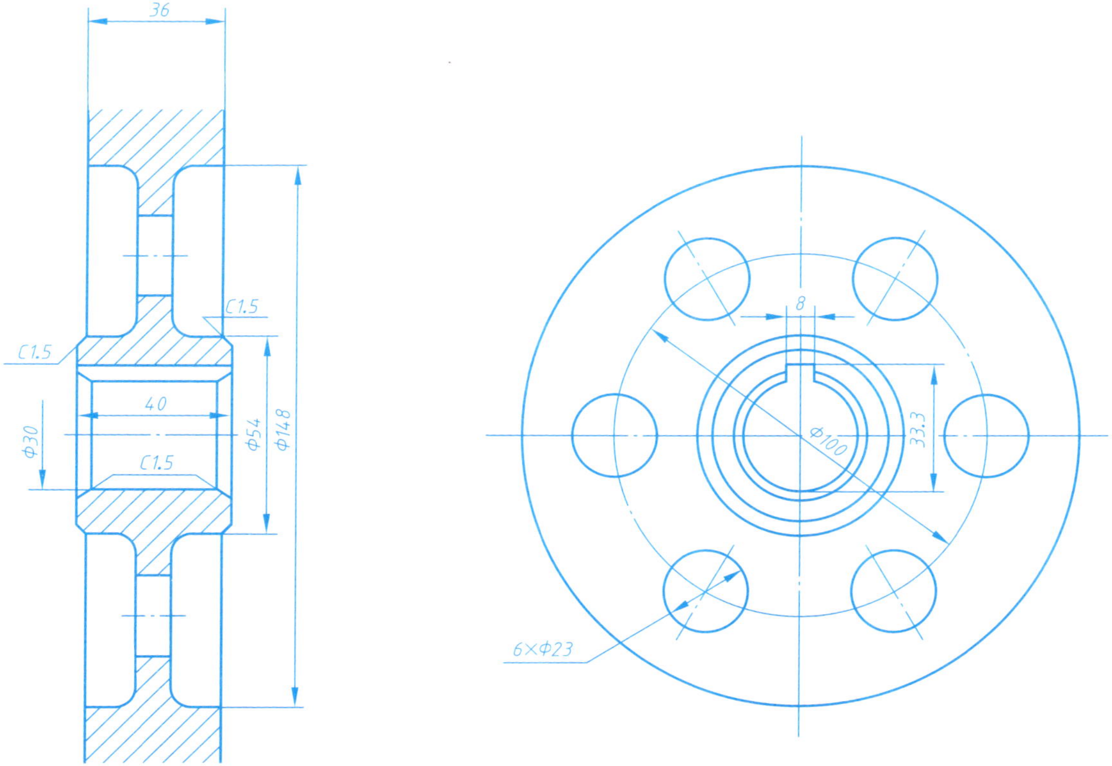

2. 已知大齿轮的模数 m=4 mm，齿数 z =38，两轮中心距 a=110 mm，试计算两齿轮的 d、d_a、d_f，并用 1:2 的比例完成啮合图。

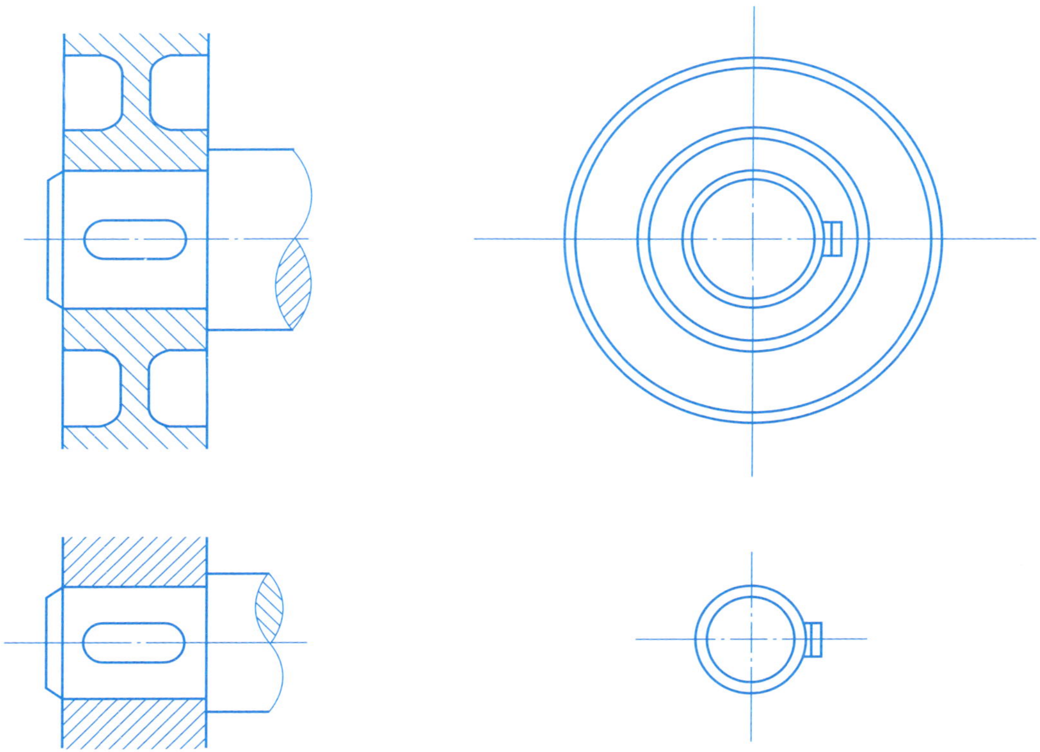

习题38 根据轴测图，绘制零件草图或零件图　　班级　　学号　　姓名

在A3图纸上画出零件图，比例自定。

(1)

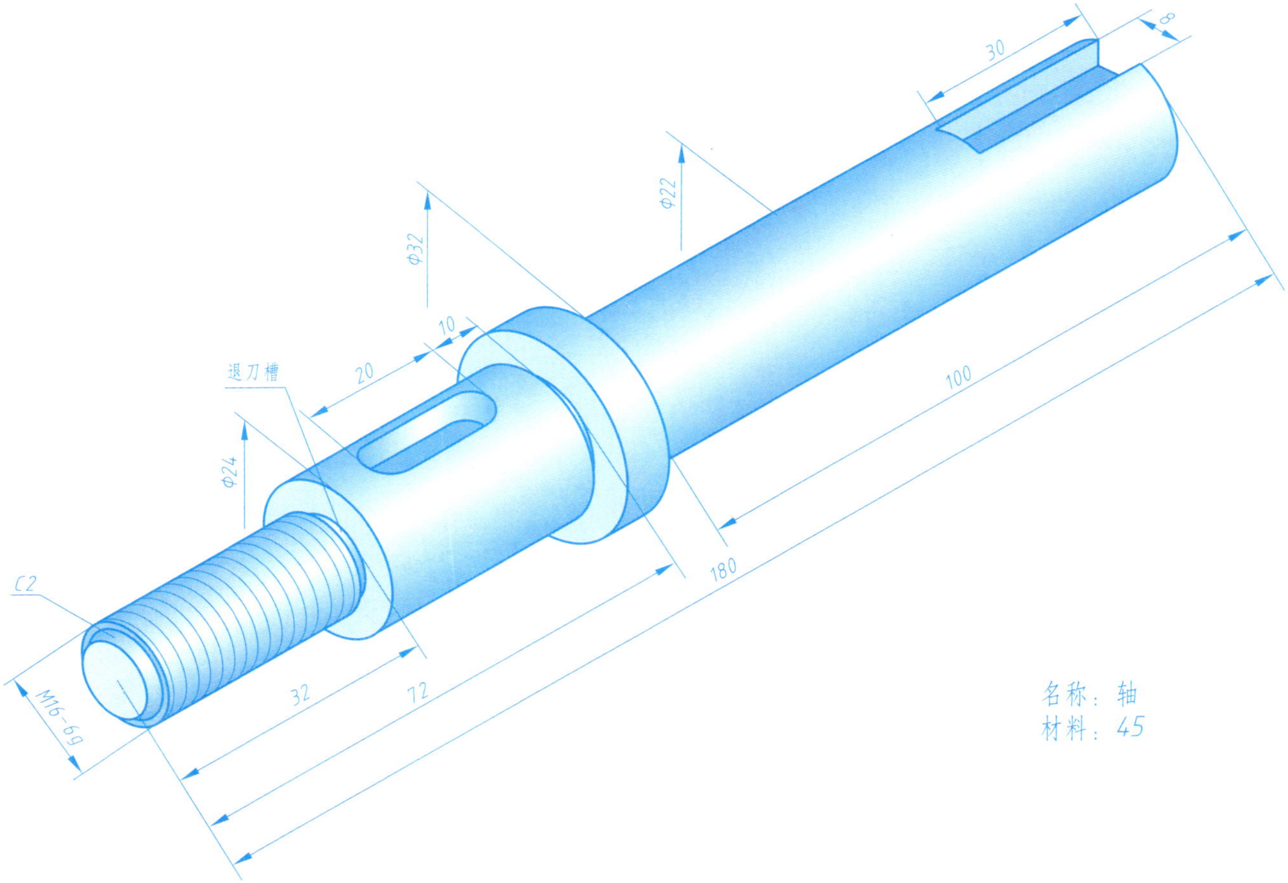

名称：轴
材料：45

(2)

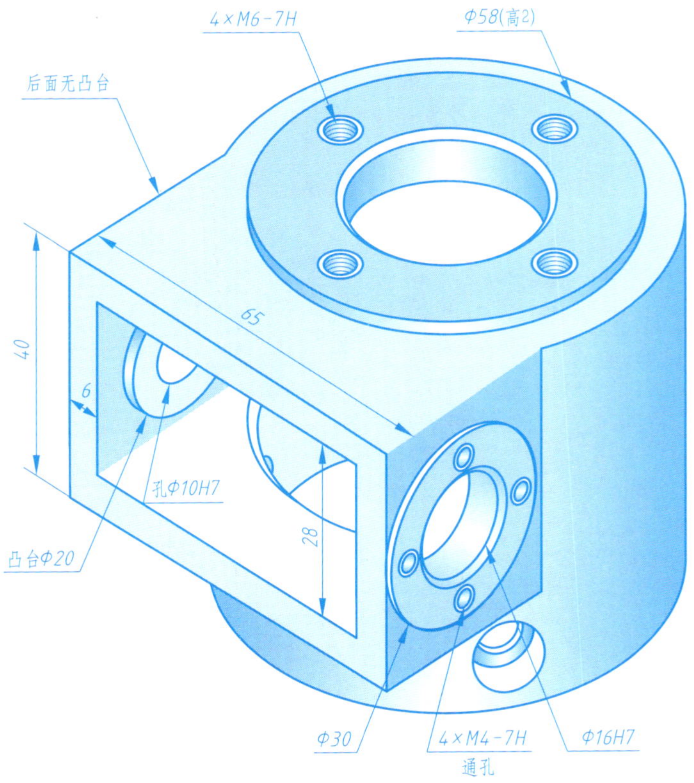

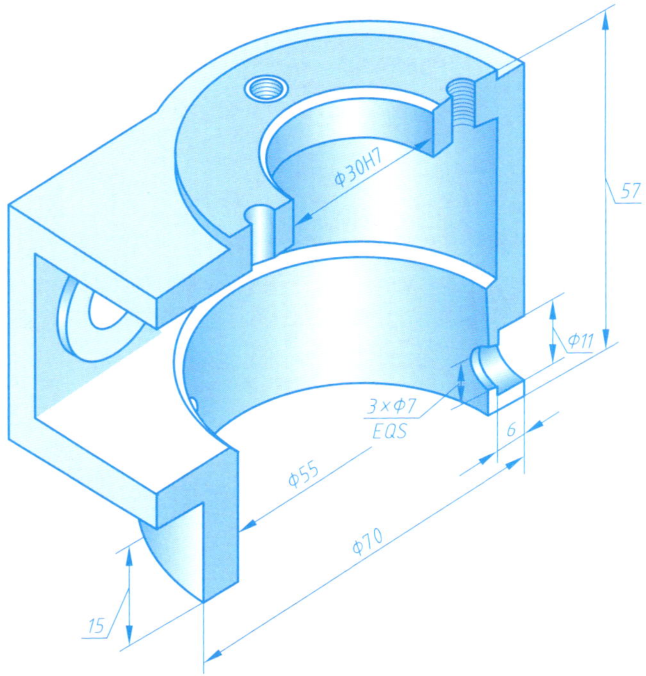

名称：箱体
材料：HT200

说明：
① 前凸台端面至后端面的距离为66，前凸台端面至内腔凸台端面的距离为58。
② 内腔凸台端面至主体圆柱轴线的距离为30。
③ 左端面至主体圆柱轴线的距离为45。
④ 所有内孔的表面粗糙度为Ra3.2 μm。
⑤ 顶面4个螺孔的定位尺寸为Φ44，前凸台端面上螺孔的定位尺寸为Φ23。

读齿轮轴零件图，补画图中所缺的移出断面图，并回答问题。

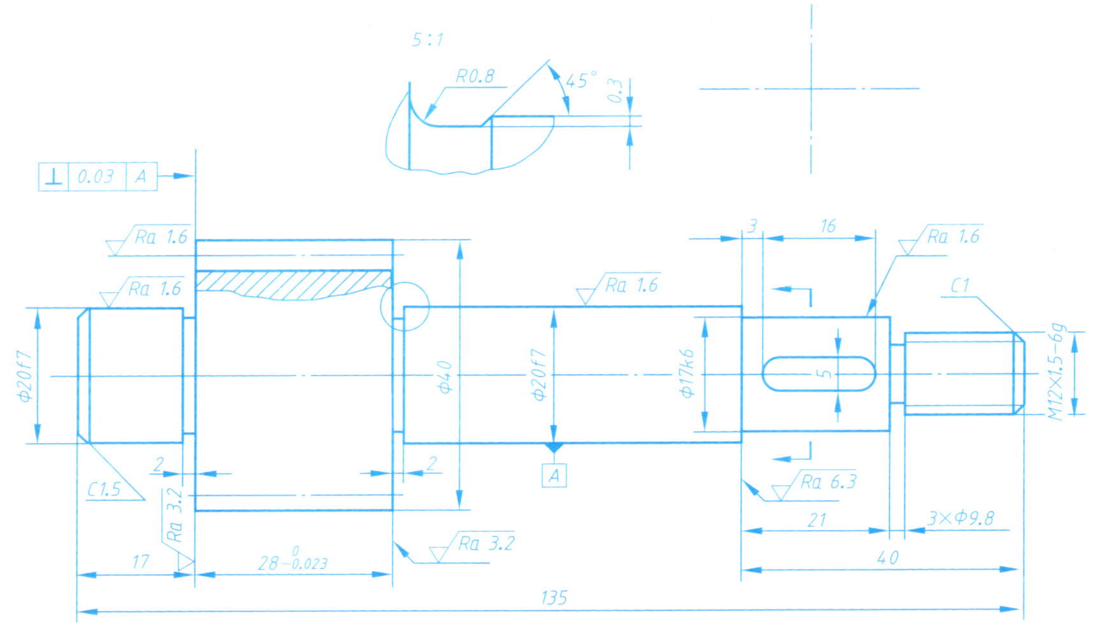

① 说明 Φ20f7 的含义：Φ20为______f7______，若将 Φ20f7写为上下偏差的形式为____________。

② 说明表面粗糙度 $\sqrt{Ra\ 3.2}$ 的含义____。

③ 说明几何公差 | ⊥ | 0.03 | A | 的含义____。

④ $28_{-0.023}^{\ 0}$的上极限偏差为__________，下极限偏差为__________，最大极限尺寸为__________，最小极限尺寸为__________，公差为__________。

$\sqrt{Ra\ 12.5}$ ($\sqrt{\ }$)

技术要求

1. 调质处理220～250HBW。
2. 锐边倒钝。

拓展阅读
零件图作业完成方法

制图			齿轮轴	比例	
审核				(图号或存储代号)	
			45		

习题39 读零件图(二)

班级　　　　学号　　　　姓名

读支架零件图，在指定位置补画剖视图 D—D。

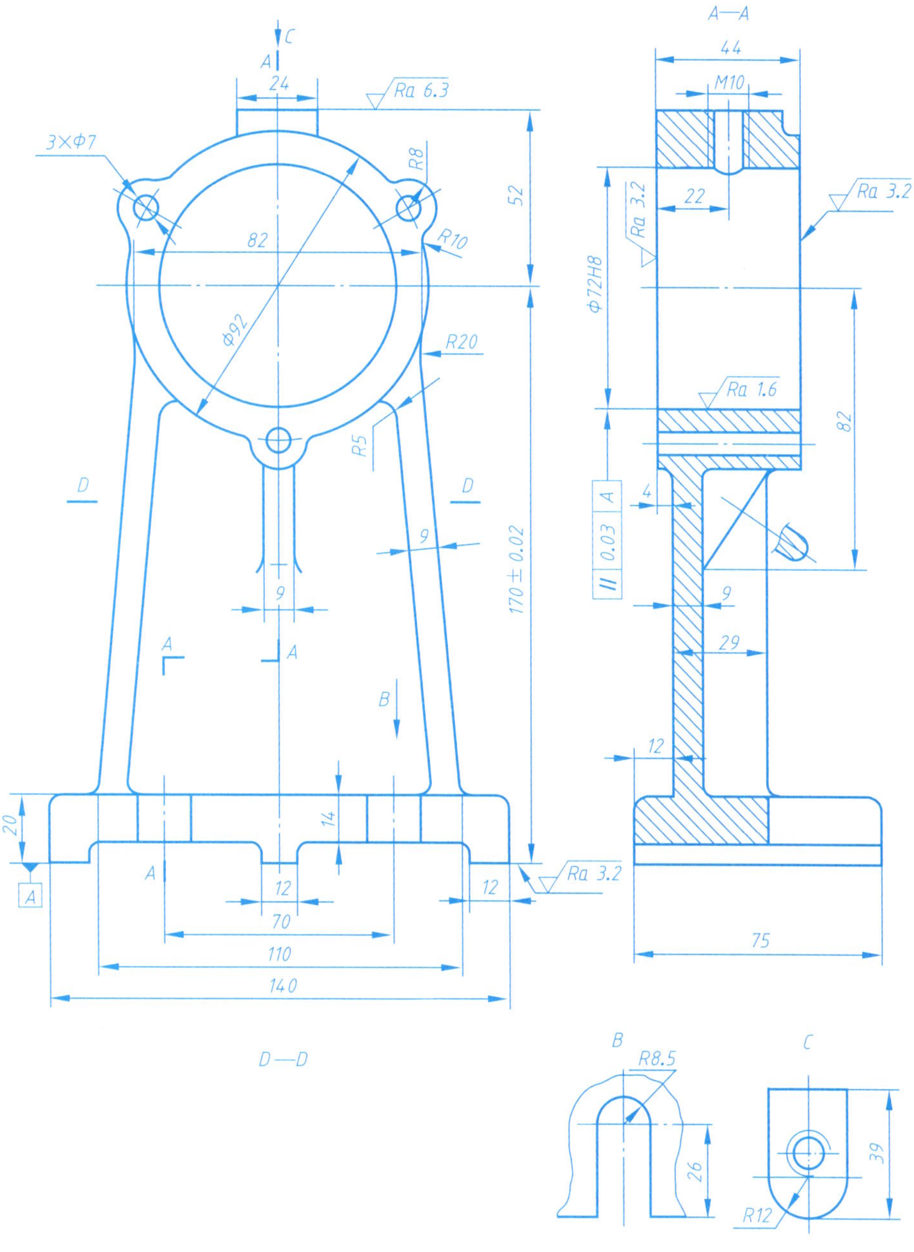

技术要求

未注铸造圆角R3。

(√)

制图			支架	比例	
审核				(图号或存储代号)	
			HT150		

读支架零件图,回答下列问题:

① 左视图采用的剖切方法是 ________。

② 用指引线和文字注明长、宽、高三个方向尺寸的主要基准。

③ 零件上表面粗糙度*Ra*值最大的是 ________,最小的是 ________。

④ | // | 0.03 | A | 的含义:________ 表示被测要素,________ 表示基准要素,________ 表示公差项目,公差值是 ________。

画出主视图的外形视图，并将左视图改画为半剖视图。

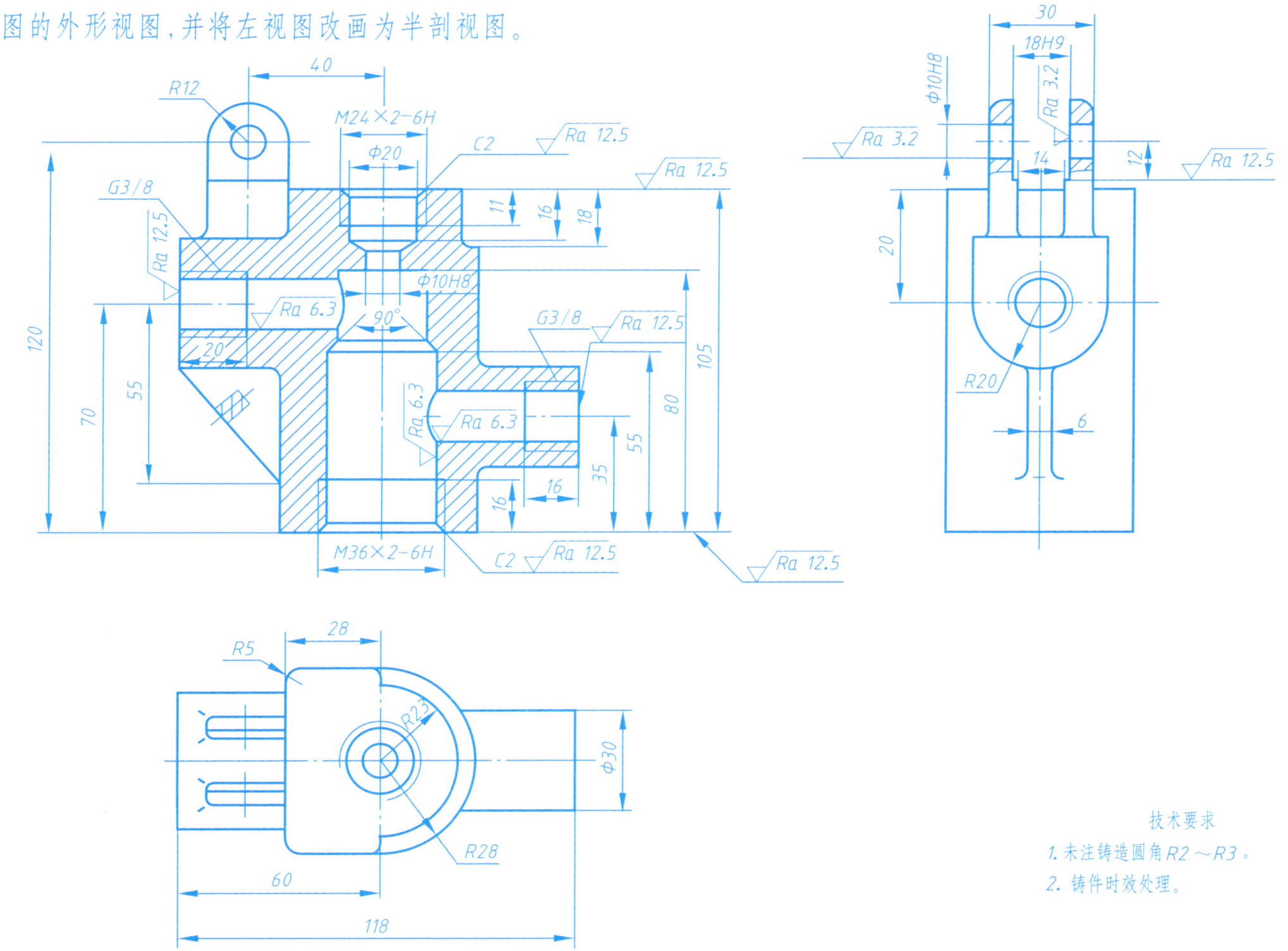

视图分析
习题39(三)

技术要求

1. 未注铸造圆角R2～R3。
2. 铸件时效处理。

√(√)

制图			阀体	比例	1:2
审核				(图号或存储代号)	
			HT150		

读阀体零件图,回答下列问题:

① 阀体零件图采用了哪些表达方法?各视图的表达重点是什么?

② 说明主视图中的相贯线是怎样用简化画法画出的?

③ 指出长、宽、高三个方向的尺寸基准。

④ 说明下列尺寸的含义:

G3/8 ——

M36×2-6H ——

$C2$ ——

⑤ ϕ10H8的最大极限尺寸是 ________ ,最小极限尺寸是 ________ ,公差是 ________ 。

⑥ 零件的外表面是 ________ 面,表面粗糙度代号为 ________ ,含义为 ________ 。

读填料盒零件图，补画其左视图。

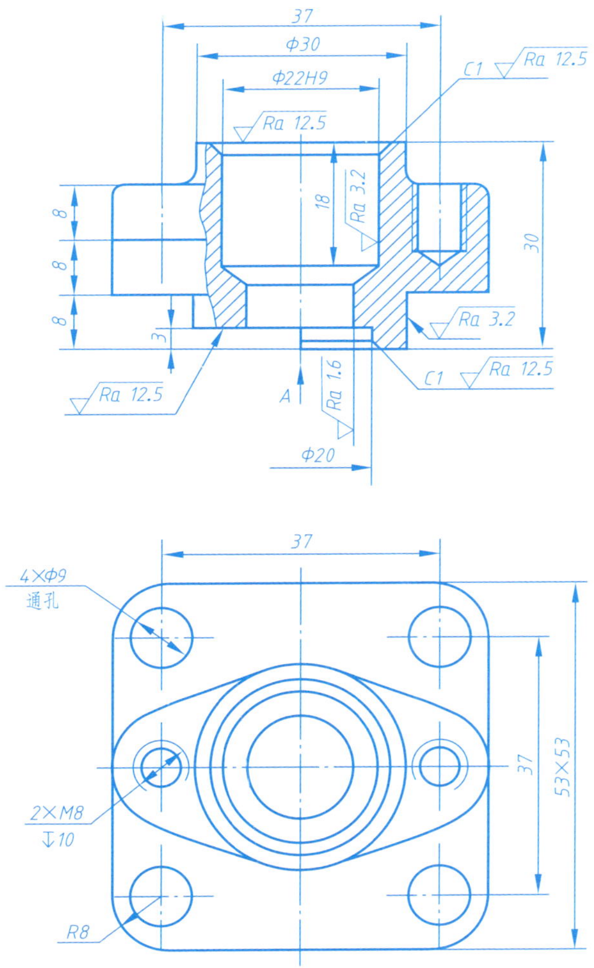

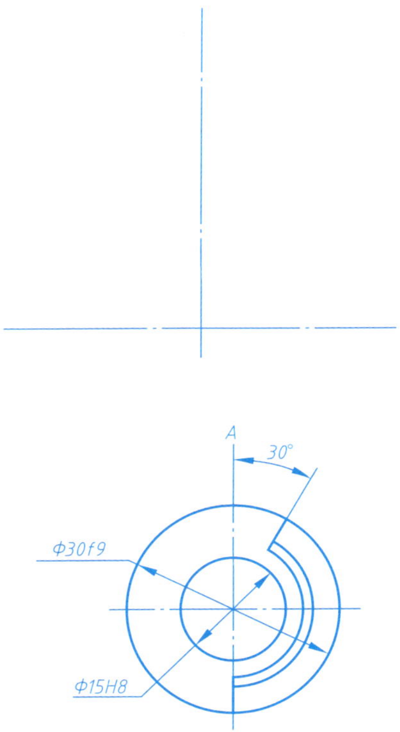

技术要求
未注铸造圆角R2。

制图			填料盒	比例	1:1
审核				(图号或存储代号)	
			HT150		

1. 根据图中的配合代号，在零件图上分别标出轴和孔的尺寸及公差带代号，查出偏差数值并填空。

①轴承内圈与轴的配合制度是__________制，轴的基本偏差代号为__________，是__________配合。

②轴承外圈与孔的配合制度是__________制，孔的基本偏差代号为__________，公差等级是__________。

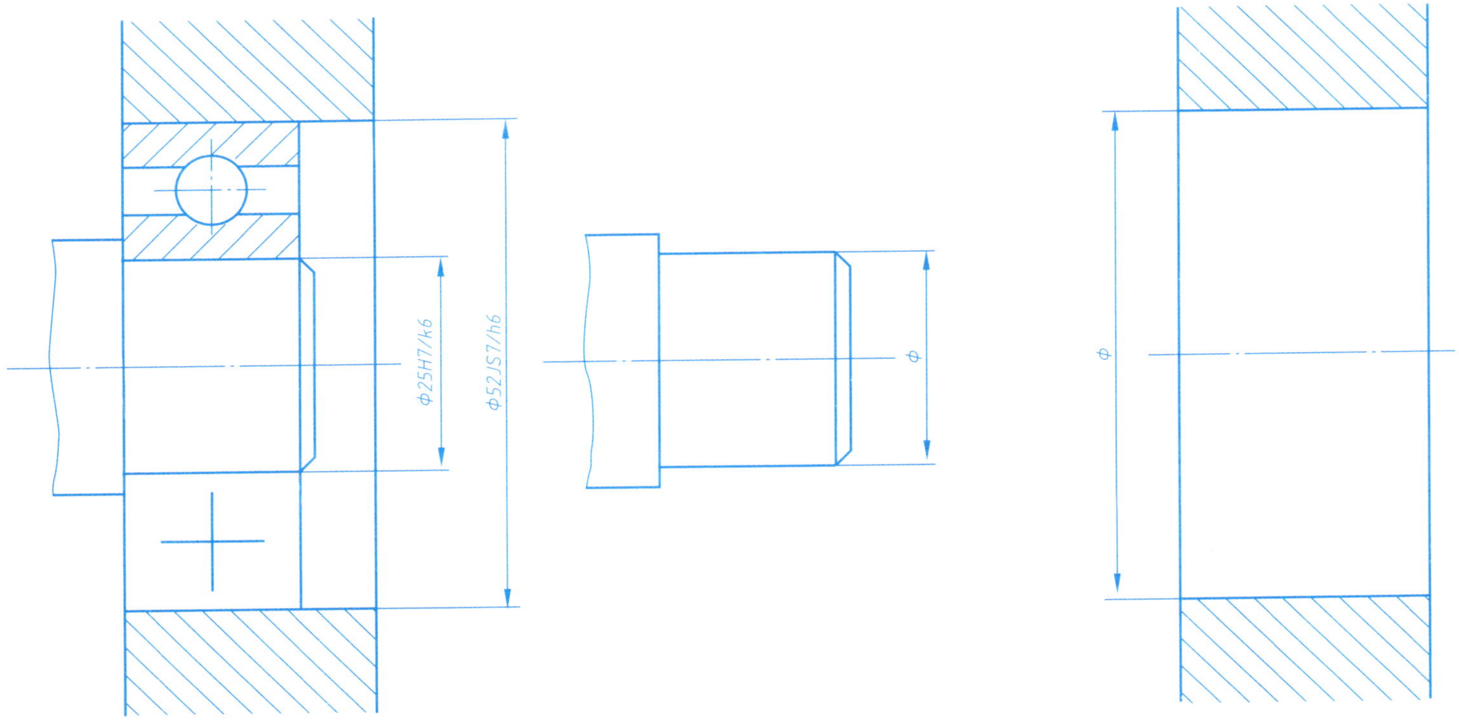

习题40 极限与配合(续)

班级　　学号　　姓名

2. 根据零件图中标注的尺寸，查出极限偏差数值，并在装配图中标注出公称尺寸和配合代号。

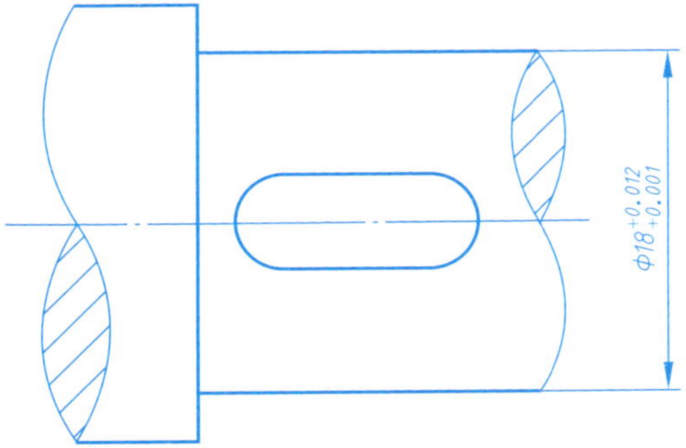

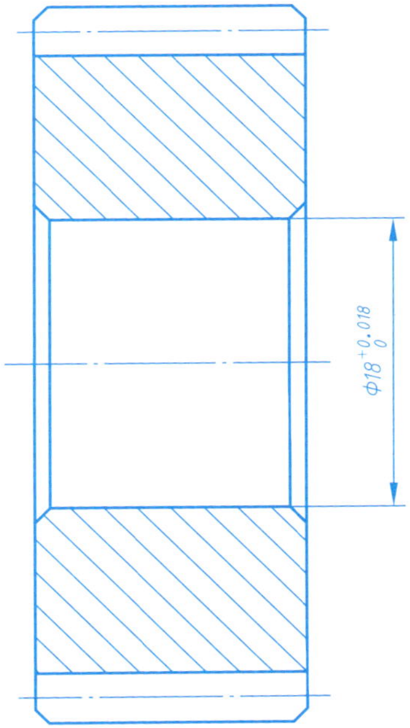

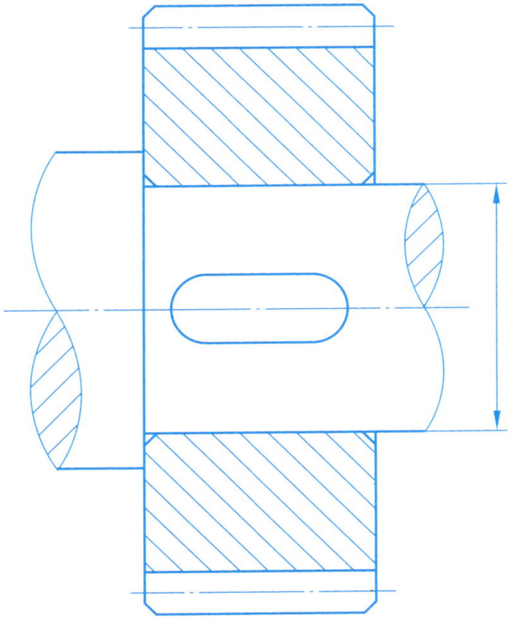

3. 指出图中的基准制、配合类型、轴和孔的公差等级代号，并分别在零件图上标注出公称尺寸、公差带代号及极限偏差数值。

(1)

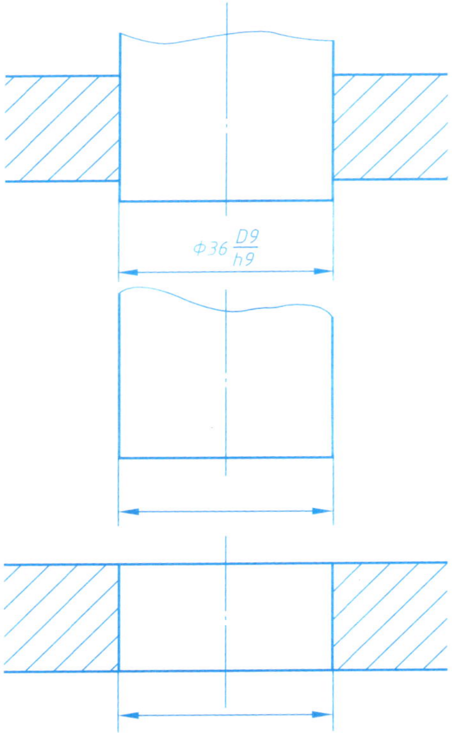

基准制________；

配合类型________；

轴的公差等级代号________；

孔的公差等级代号________。

(2)

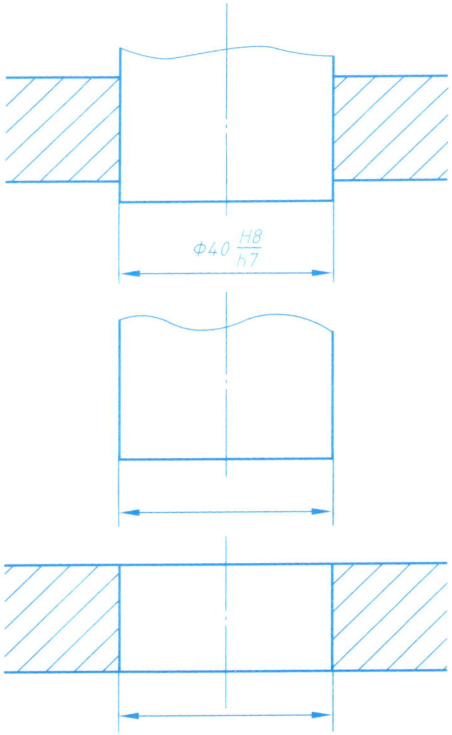

基准制________；

配合类型________；

轴的公差等级代号________；

孔的公差等级代号________。

一、作业内容

测绘一个零件，先完成其零件草图，再根据草图绘制零件图。

二、作业目的

1.掌握零件测绘方法和步骤。

2.练习零件表达方案的选择、尺寸标注和技术要求注写。

三、作业要求

测绘对象为一实体零件或模型，如果没有可用右侧轴测图代替。测量尺寸时，要先在轴测图上画出中心线及对称中心面的位置，以使测量尽量准确。

四、作业指示

1.零件测绘应认真，不得潦草。

2.测绘步骤要正确。

3.视图选择应正确，最好多选几种表达方案，从中选优。

4.标注尺寸时，应选定尺寸基准，再按形体分析法标注全部尺寸。先画出尺寸线、尺寸界线和尺寸箭头，再逐个测量，填写尺寸数字。

5.零件图上的标准结构（螺纹、键槽、销孔等），应查表取标准值。

6.根据草图画零件图时，应注意零件上的细小结构及过渡线等的画法。

端盖

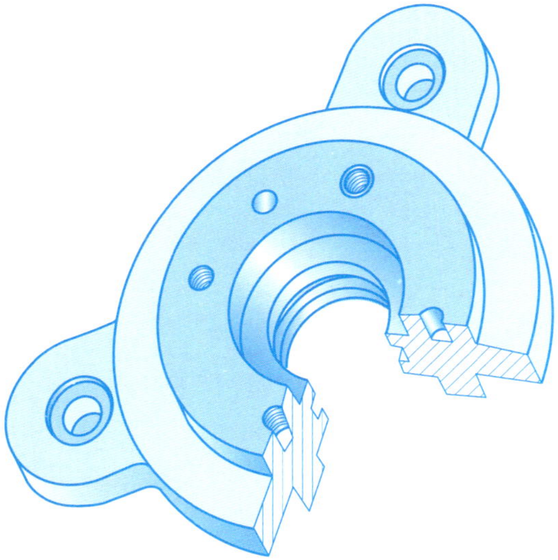

夹头

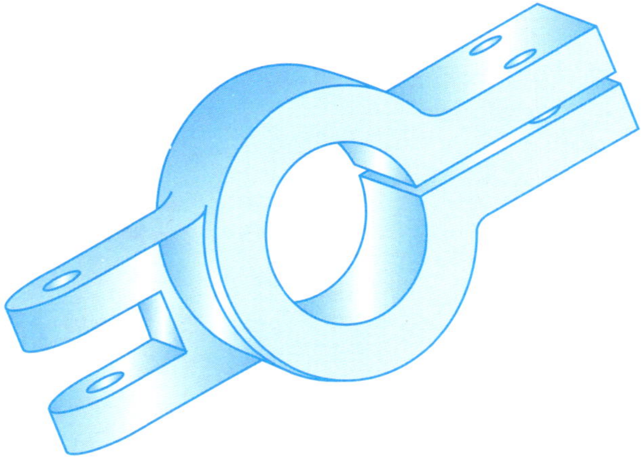

读懂钻模各组成零件的结构形状和它们之间的装配、连接关系。画出装配图(采用1:1的比例)。

钻模的工作原理：手持手把将模座孔套于被钻孔的凸出结构上，钻头以套筒的孔对中进行钻孔加工。根据被加工零件的不同结构和形状，可更换模座，使模座孔与被钻孔结构形状一致。根据钻孔大小更换套筒。模体与模座用圆柱销定位，通过开槽沉头螺钉连接在一起。

画图注意事项：

① 主视图的投射方向如图中所示。

② 选用主、俯、左三个基本视图和表示模座孔形状的局部视图进行表达。

③ 手把可采用断开画法表达。

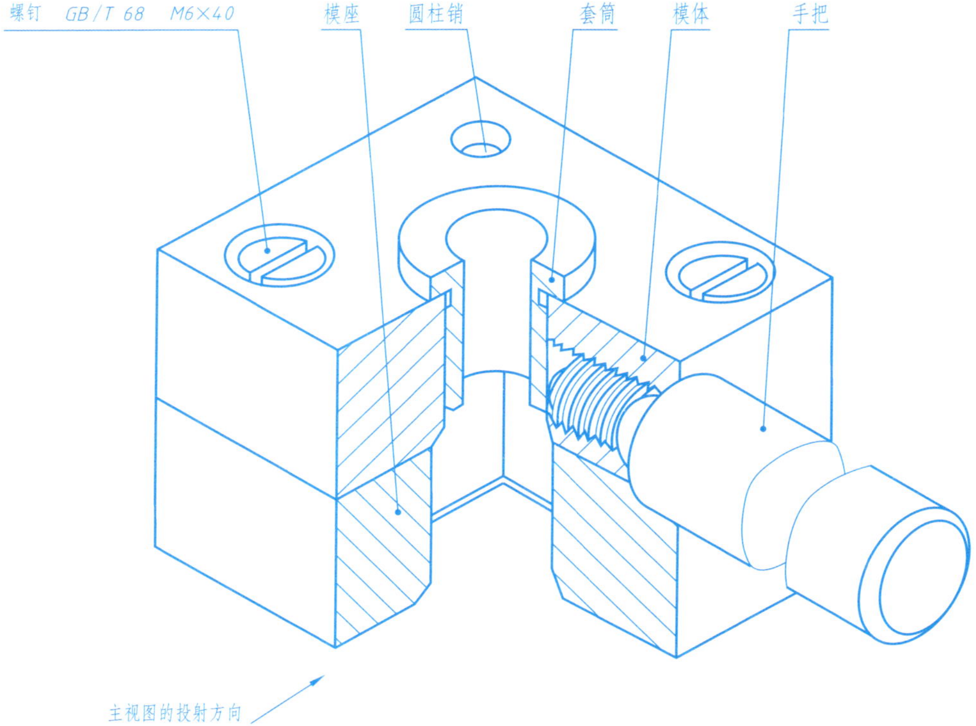

装配图分析

习题42(一)

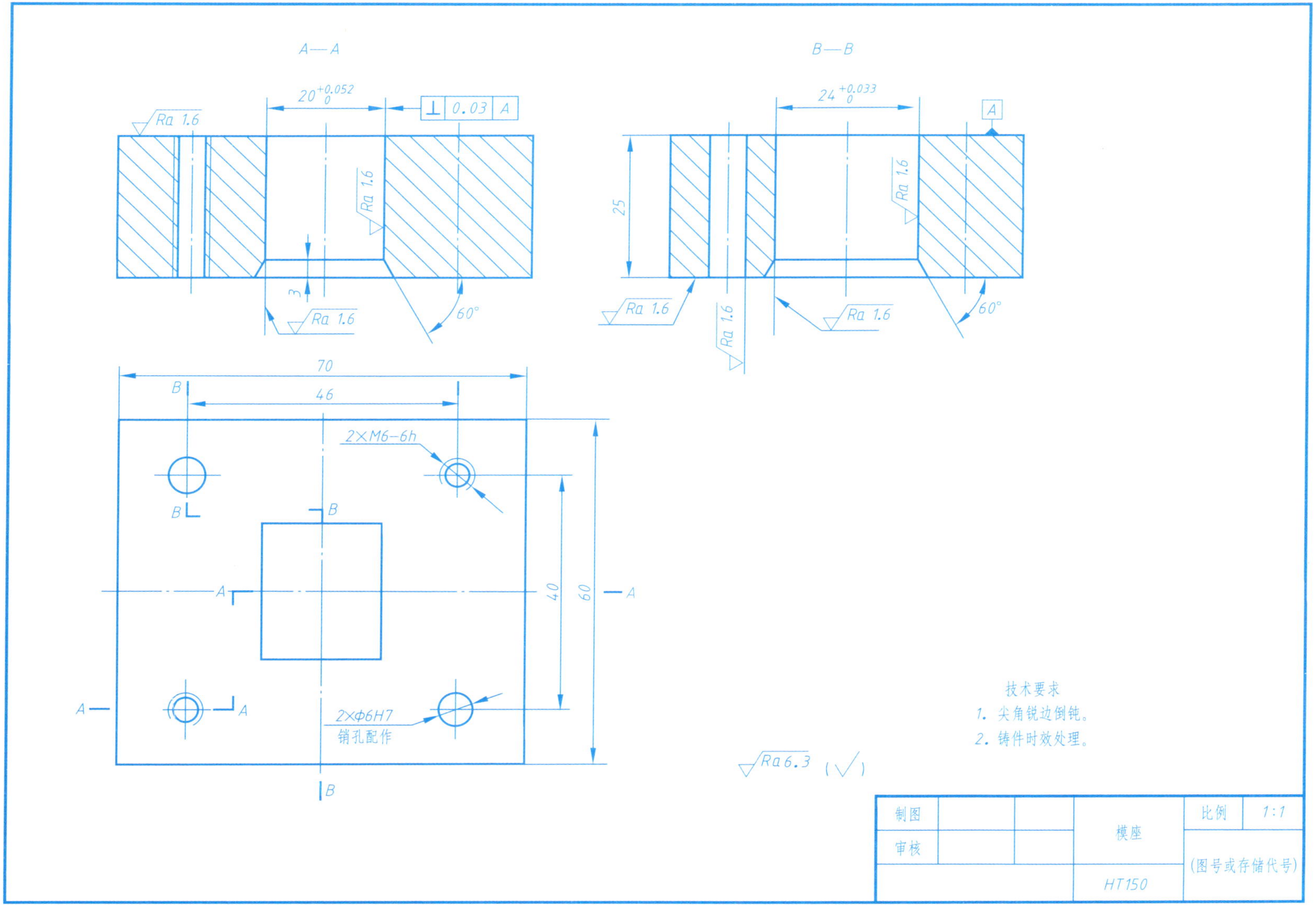
A—A
B—B
20 +0.052 0
⊥ 0.03 A
Ra 1.6
3
60°
24 +0.033 0
A
25
70
46
B
2×M6-6h
40
60
2×Φ6H7
销孔配作
技术要求
1. 尖角锐边倒钝。
2. 铸件时效处理。
Ra 6.3 (√)
制图
审核
模座
比例
1:1
HT150
(图号或存储代号)

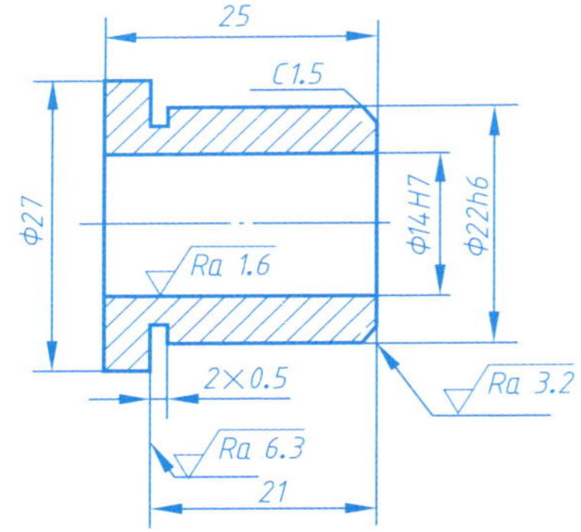

Ra 12.5 (√)

技术要求

调质处理235HBW。

制图			套筒	比例	1:1
审核				(图号或存储代号)	
			40Cr		

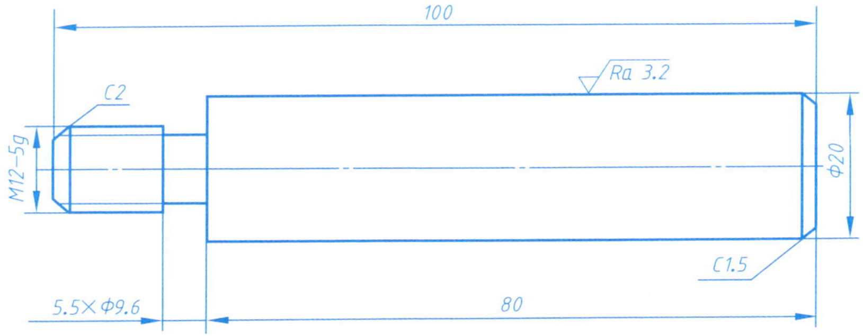

Ra 12.5 (√)

制图			手把	比例	1:1
审核				(图号或存储代号)	
			Q235 A		

习题42 由零件图画装配图(一)(续)　　　班级　　　学号　　　姓名

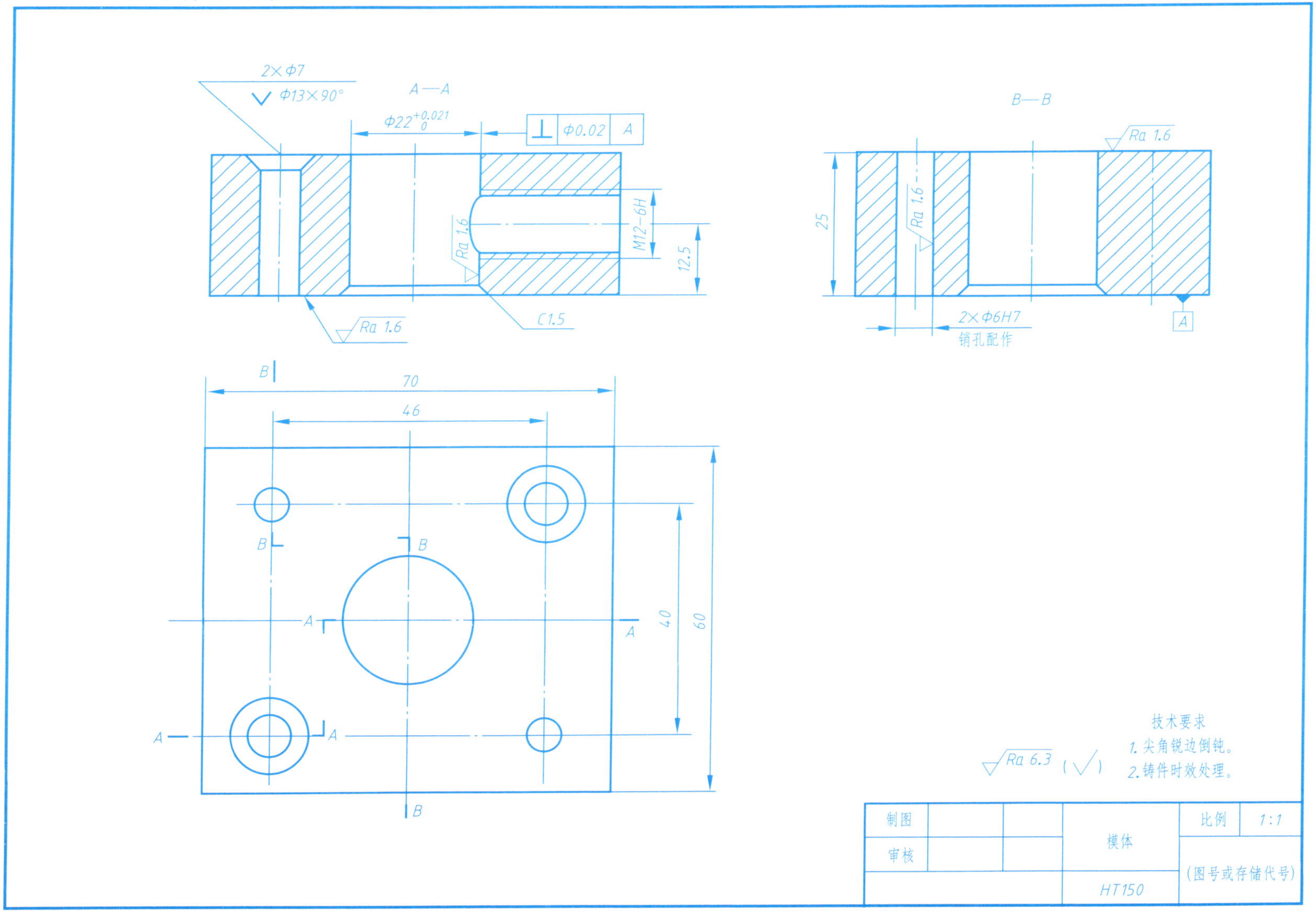

参考千斤顶示意图，弄清部件的用途、工作原理，读懂各组成零件的结构形状和它们之间的装配、连接关系，画出装配图(采用1:1的比例)。

千斤顶的工作原理：它是利用螺旋传动来顶举重物的，是汽车修理或机械安装等行业常用的一种起重或顶压工具。支承底座上装有螺套，螺套与底座间由螺钉固定．螺杆与螺套由矩形螺纹传动，螺杆头部孔中穿有绞杠，扳动绞杠可带动螺杆转动，螺杆、螺套间的螺纹作用可使螺杆上升或下降，同时进行起重。螺杆顶部的球面结构与顶垫的内球面接触起浮动作用，螺杆与顶垫之间有螺纹限位。

画图注意事项：

部件的视图表达方案，要从能反映工作原理和装配关系出发加以选定。某些零件图上没有画出的视图，有时却是装配图上所需要的，应先补画出来。

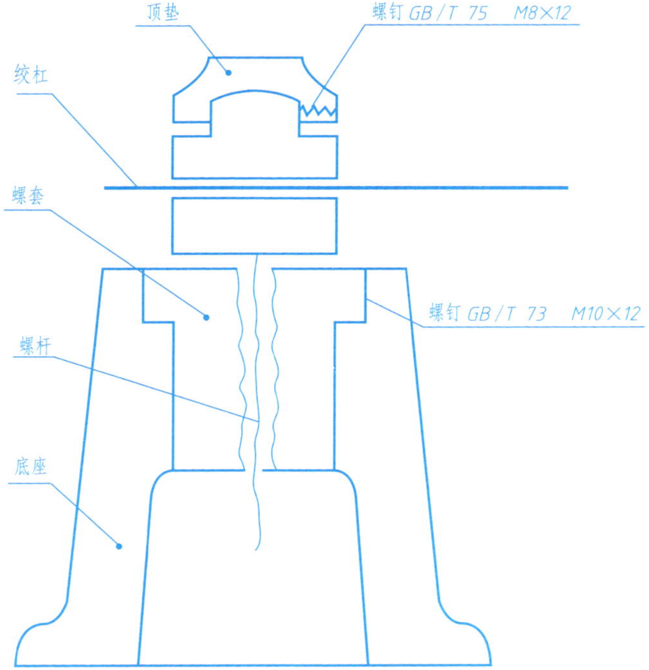

装配图分析

习题42(二)

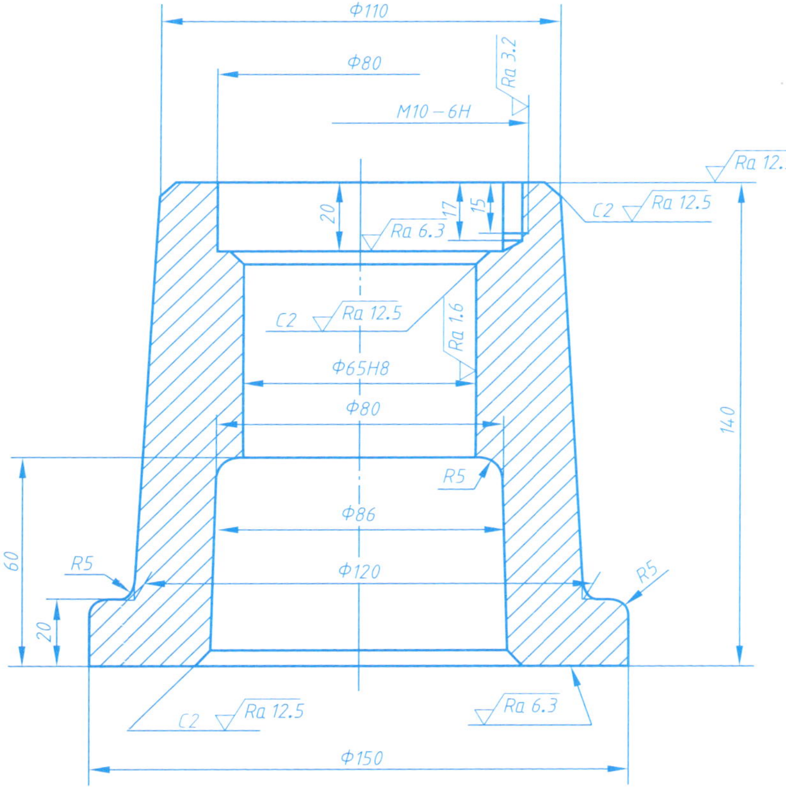

技术要求

未注铸造圆角R3～R5。

√ (√)

制图			底座	比例	1:2
审核				(图号或存储代号)	
			HT200		

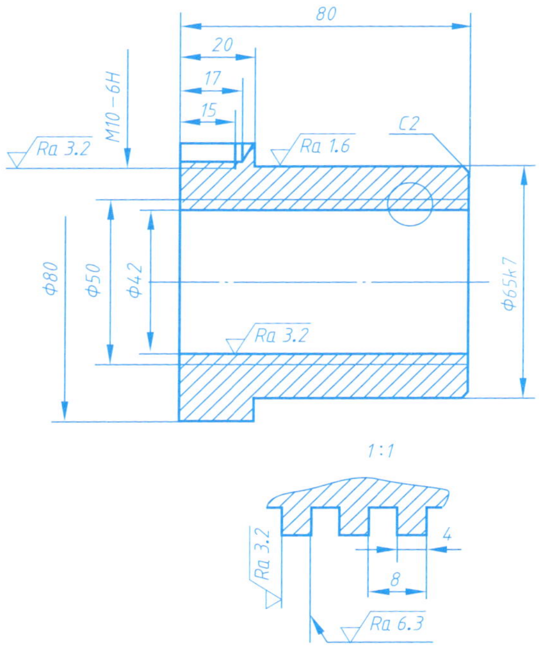

Ra 6.3 (√)

制图			螺套	比例	1:2
审核				(图号或存储代号)	
			ZCuA10Fe3		

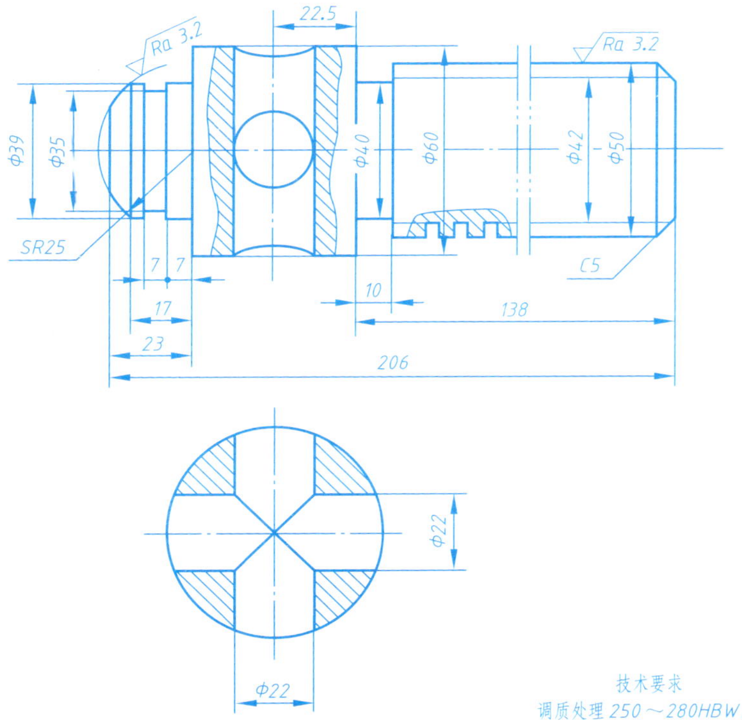

技术要求
调质处理 250～280HBW。

Ra 6.3 (√)

制图			螺杆	比例	1:2
审核				(图号或存储代号)	
			45		

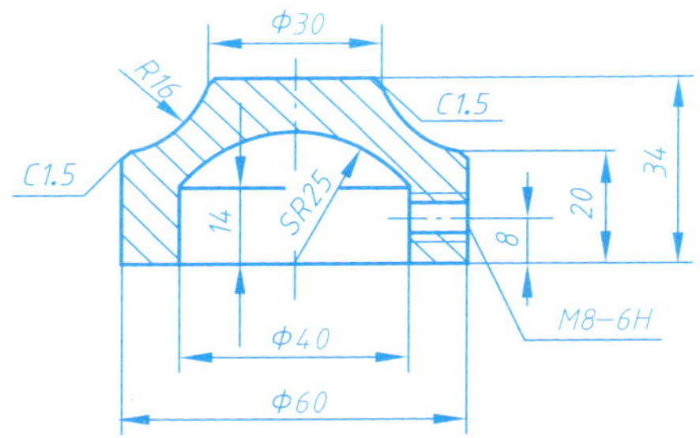

技术要求
热处理45～50 HRC。

Ra 6.3 (√)

制图			顶垫	比例	1:2
审核				(图号或存储代号)	
			Q275		

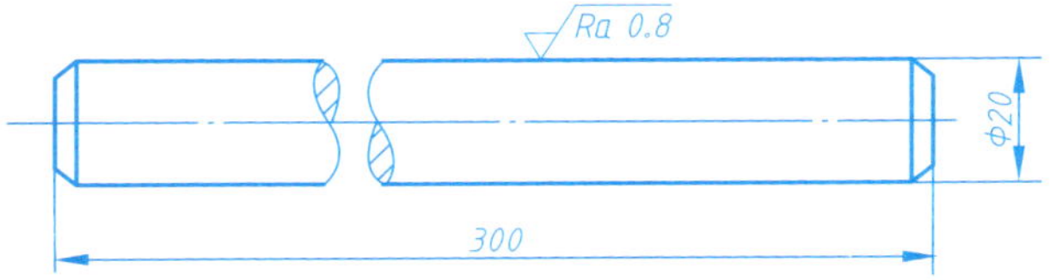

技术要求
未注倒角 C2。

Ra 6.3 (√)

制图			绞杠	比例	1:2
审核				(图号或存储代号)	
			45		

习题43 读蝶阀装配图回答问题，并拆画阀盖和阀体的零件图　　班级　　学号　　姓名

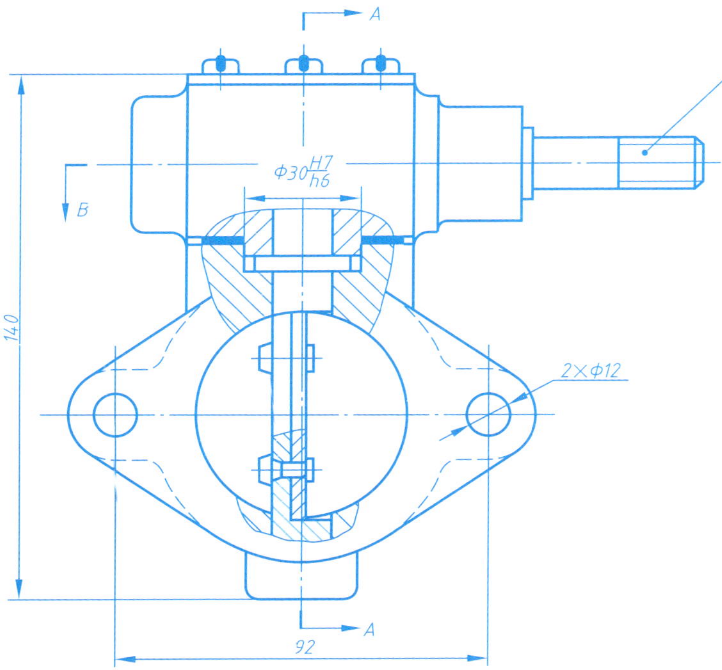

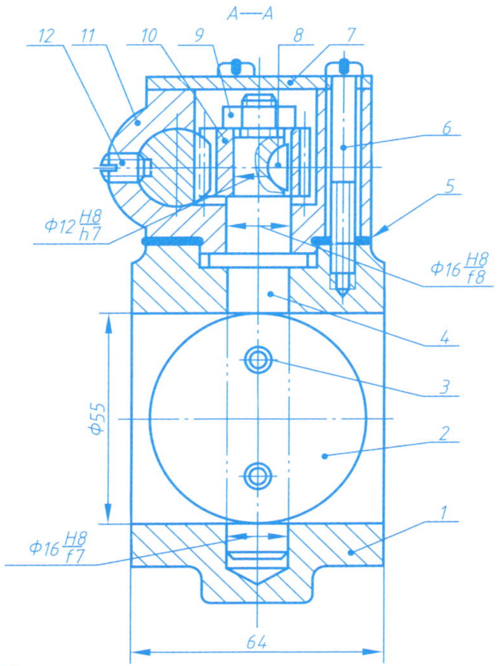

技术要求

1. 工作压力0.3MPa。
2. 试验压力0.4MPa，无泄漏。

B—B

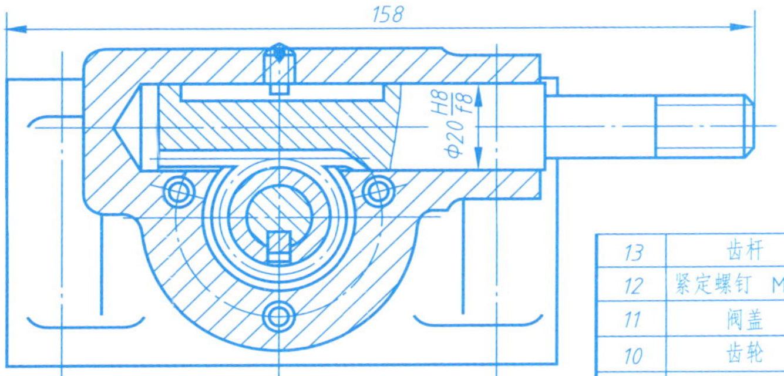

序号	名称	数量	材料	备注
13	齿杆	1	45	
12	紧定螺钉 M6×12	1	35	GB/T 75—2018
11	阀盖	1	HT200	
10	齿轮	1	45	
9	螺母M10	1	35	GB/T 6170—2015
8	半圆键 3×16	1	45	GB/T 1099.1—2003
7	盖板	1	Q235	
6	螺钉 M6×50	3	35	GB/T 65—2016
5	垫片	1	软钢纸板	
4	阀杆	1	45	
3	锥头铆钉	2	Q215	
2	阀门	1	Q235	
1	阀体	1	HT200	

制图			蝶阀	比例	
审核				(图号或存储代号)	

零件图分析

习题43

蝶阀的工作原理：

蝶阀是管道中用来截断流体的装置，当外力推动齿杆左右移动时,与齿杆啮合的齿轮就带动阀杆转动,使阀门开启或关闭。

读蝶阀装配图，回答下列问题：

① 阀杆4是怎样拆装的？

② 如何确定阀体1上部凸台的形状？

③ 齿杆13上的槽及螺钉有何用处？

④ 分析图上所标注的尺寸各属于哪一类？

习题44 读换向阀装配图，并拆画阀门和阀体的零件图　　　　班级　　　　学号　　　　姓名

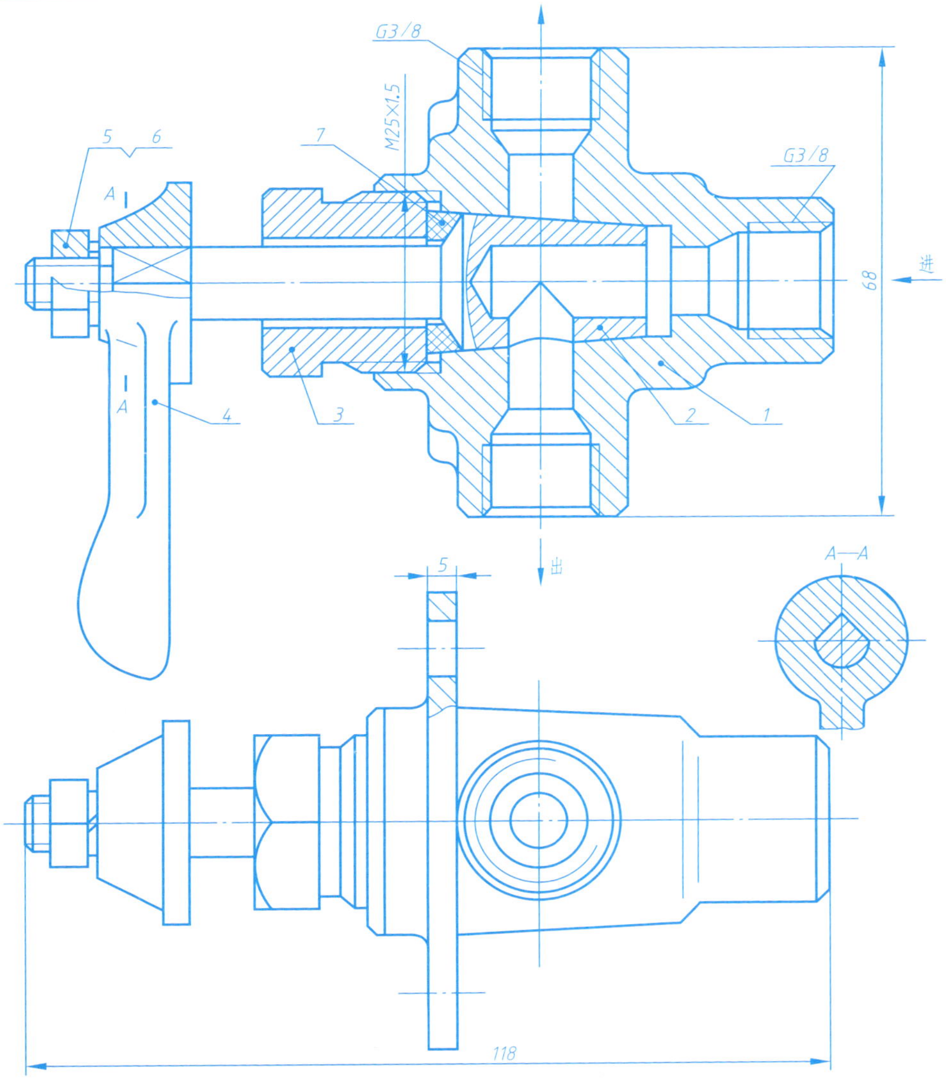

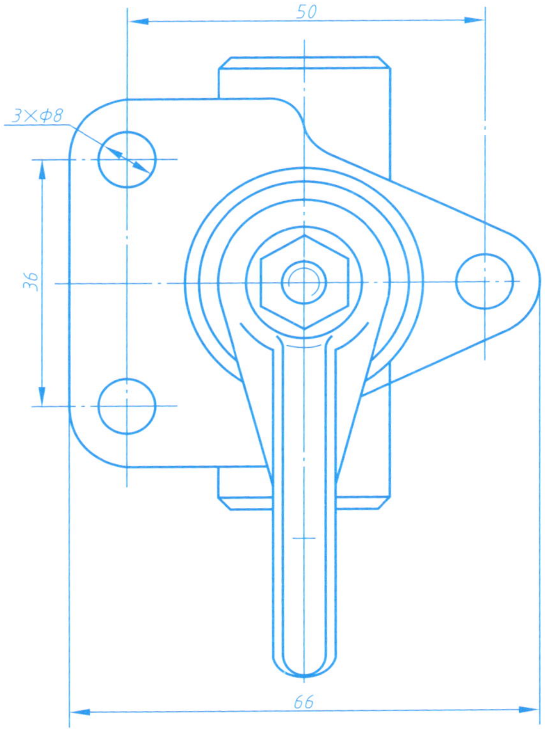

7	填料	1	石棉	
6	螺母M10	1	Q235	GB/T 6170—2015
5	垫圈10	1	65Mn	GB/T 97.1—2002
4	手柄	1	HT200	
3	锁紧螺母	1	HT200	
2	阀门	1	Q235	
1	阀体	1	HT200	
序号	名称	数量	材料	备注

制图		换向阀	比例	
审核			(图号或存储代号)	

习题44 读换向阀装配图，并拆画阀门和阀体的零件图(续)　　班级　　学号　　姓名

换向阀的工作原理：

换向阀用于控制管路中流体的流动方向。在图示情况下，流体从右口进入，上出口不通，从下出口流出。当转动手柄4使阀门2旋转180°时，则下出口不通，流体从上出口流出。控制手柄转动角度的大小，还可以调节出口的流量。

读图要求：

① 读懂换向阀装配图。

② 拆画零件1阀体和零件2阀门的零件图。

习题45 用AutoCAD软件绘图并标注尺寸　　　　班级　　　学号　　　姓名

1.

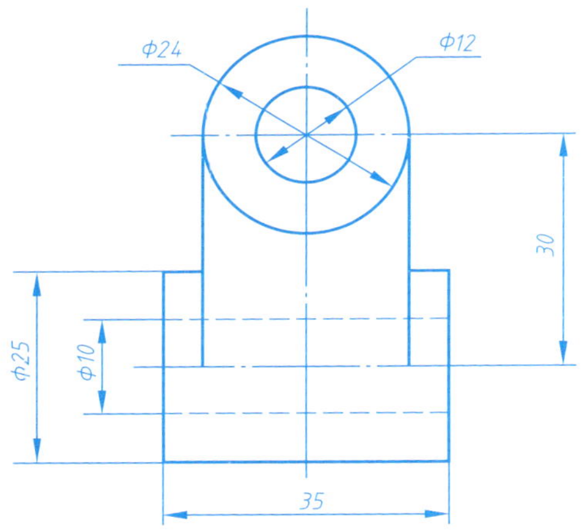

2.

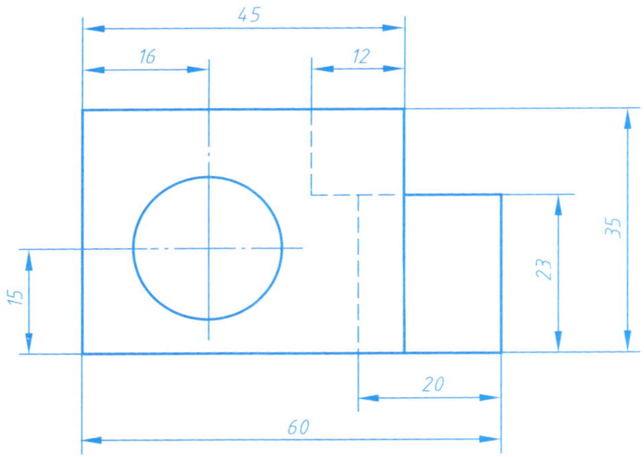

3.

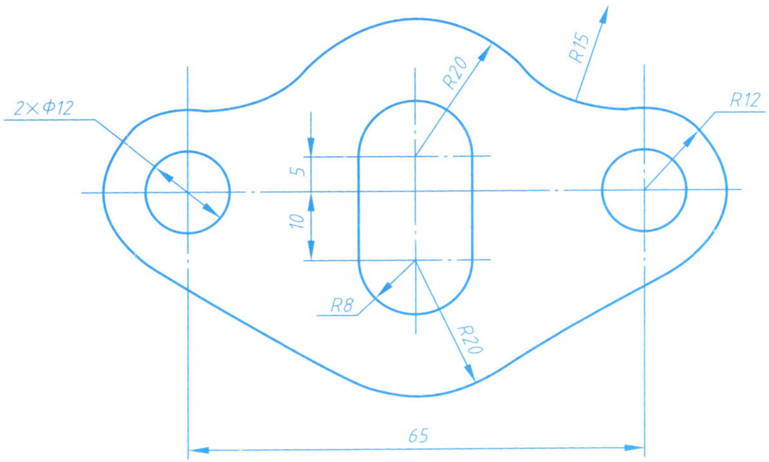

4.

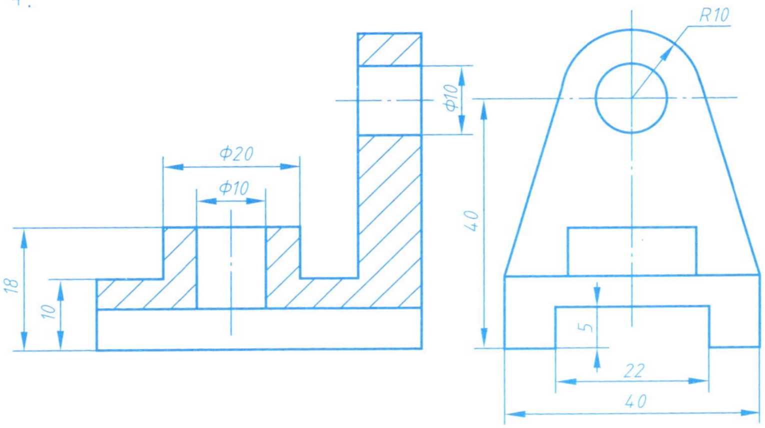

读者意见反馈

为收集对教材的意见建议,进一步完善教材编写并做好服务工作,读者可将对本教材的意见建议通过如下渠道反馈至我社。

咨询电话　400-810-0598

反馈邮箱　gjdzfwb@pub.hep.cn

通信地址　北京市朝阳区惠新东街4号富盛大厦1座　高等教育出版社总编辑办公室

邮政编码　100029

授课教师如需获取本书配套教辅资源,请登录"高等教育出版社产品信息检索系统"(https://xuanshu.hep.com.cn/)搜索下载,首次使用本系统的用户,请先进行注册并完成教师资格认证。